GUIDANCE of

MINIMUM EXIT

Makoto Ensei 遠星 誠

100万円のスモール・ビジネスを
3年以内に3000万円で売却する

ミニマム・イグジットの教科書

イースト・プレス

はじめに

「会社を作って売却する」日本一簡単な教科書

本書は、100万円以下の小資本で起業して、3年以内にイグジットを果たし、3000万円の売却益を得る手法をあますことなくお伝えする本です。

私は、この手法を「ミニマム・イグジット」と呼んでいます。

本著を読み、そして実践することで「ミニマムな予算」で起業し、「ミニマムなリスク」で売却することで大きな収益を得ることができます。「ミニマム」とは読んで字のごとく「最低限の規模」を意味し、起業の大きなハードルである「資金調達」も、100万円以下とスタートの難易度が高くありません。金額が少ないため資本金を用意しやすく、また、メガバンクや日本政策金融公庫からの起業融資も調達しやすいのです。

そして、3年以内で一気に会社を育て上げ、会社を最高値で売却します。軌道に乗っている状態であれば、スモール・ビジネスであっても3000万円で買い手がつくことも可能なのです。

さらに、イグジットで得た売却益を元手として、次のビジネスを立ち上げることもできます。

「連続起業家」として、やりたかった事業にいくつも着手し、夢を叶え続ける人生を送ることができるのです。

日本の大学では、会計学や経営学は教えてくれても、「イグジットで経済的に豊かになる方法」は教えてくれません。ですが、アメリカや中国では、スタートアップ企業のイグジットの教育は非常によく行われていることです。

そして、数多くの学生起業家が当たり前のように「ミニマム・イグジット」で何千万、何億という収益を手にしているのです。本書では、日本未上陸の「学校では教えてくれないダイナミックな稼ぎ方」についてあますところなくお伝えします。

本書の「ミニマム・イグジット」を実践すれば、あなたも「世界の有名起業家の卵に肩を並べる日」が訪れるはずです。

申しおくれました。私は中国の杭州出身で、日本を拠点に多くのビジネスを立ち上げてきた遠星《えんせい》　誠《まこと》と申します。もともと私は弁護士でした。法学部を卒業後、私は運よく司法試験に合格することができました。

あまり裕福ではない家庭の出身だった私は、親孝行になると思い、そのまま弁護士の道を歩むことにしたのです。7年間の弁護士時代、私は数多くの創業社長さんと向き合い、そこで、社長さんたちから、いろいろな「起業成功」の法則を学んだのです。多くの社長さんに共通していたのは、「伸びているときに会社をイグジットしてさらに次の事業に投資する」という方法でした。

「自分もやればできるかもしれない……。起業とイグジットに挑戦してみよう！」

そう思った私は、顧客のビジネスをサポートする形で、まずは「民泊管理会社」を立ち上げました。当時、空いている部屋を宿泊場所として提供する「民泊」が流行りはじめていました。

その「民泊」のブッキングや部屋の清掃などを専門におこなう民泊管理代行会社を作ったのです。

顧客は民泊の運営者です。彼らはマンション所有者か、あるいはマンションを借り、賃貸の頭金と家具・家電と民泊管理会社へのサービス料金を投資する投資家です。

私は約半年で運営管理の顧客を獲得しましたが、民泊管理代行会社の経営はパートナーに任せ、私は日々発生する問題の解決と会社のイグジットだけを担当しました。事業が成長している時期にすぐに民泊管理会社を1億円でイグジットした私は、売却資金を活用してすぐに不動産仲介会社を立ち上げました。

これがうまくいった理由は、民泊管理会社の集客の過程で不動産の賃貸・売買仲介業者とのやり取りが多く発生し、不動産仲介業のノウハウを学べたからです。また、民泊管理会社の顧客もマンションの購入や賃貸の仲介のニーズを持っていたので、彼らがそのまま顧客になってくれたのです。こうして、自分の不動産仲介会社を立ち上げることができました。

こちらも1年ほどで軌道に乗せ、3000万円でイグジットを果たしました。

さて、不動産仲介業においては香港の仲介業者と連絡をとることが多かったのですが、彼らから「香港ではスキーリゾートが人気である」という情報を入手しました。私は3か月ぐらいかけ、香港の人々に人気がある日本のスキー場を調べあげました。すると、北海道のニセコと長野県の白馬村が大人気であることがわかりました。

最初は資金が少ないですから、比較的安価であった白馬の土地を購入して大規模開発をし、それを香港で売りました。一棟5000万ぐらいの価格でしたが、1週間でなんと38棟が売れたのです。

私はさらに白馬での開発を続け、ニセコの土地も購入しました。ニセコでは白馬でのやり方を応用し、やはり香港の顧客に対し、一棟当たり約5500万の価格で売り出しました。こちらも1週間で50棟が売れました。

この後、1か月ほどで、ニセコの土地相場は以前の2倍に膨れ上がりました。また、これらの販売件数は、日本のスキーリゾートを海外に販売することにおいては過去最高記録だったそうです。私はこの会社を15億円で売却しました。

2024年1月現在、私は、人材紹介会社や中小企業の創業者クラブを運営しています。もちろん、これらの会社も売却する予定です。

最近では、「起業&イグジット」の経験を重ねた私のところに、多くの人から起業相談が寄せられています。

私はこれまで、100人を超える起業家たちにアドバイスをさせていただきましたが、不動産業、ホテル管理仲介業、ペット葬儀業、TikTok動画制作および配信代行業など新しいビジネスに取り組む人々が続出しています。

そのような背景もあって、現在、私はこれまでのノウハウを伝える「ミニマム・イグジット専門のスクール」も運営しています。

あなたもぜひ、本書を参考に、私のやり方をマネして「ミニマム・イグジット」にトライしてみてください。

100万円で起業して3000万円で売る「ミニマム・イグジット」

「メルカリ」を筆頭に「フリマアプリ」の市場が年々拡大しています。

「モノは簡単に売れるもの」という意識がすでに世の中に浸透しつつあります。

本著で私が最も言いたいことは、これと同じで、「会社は簡単に売れる」ということです。

メルカリに出品するがごとく、一つの会社が、サクッと売れるのです。

100万円で起業して、3000万円で売る「ミニマム・イグジット」は、「スマホ一つで」とはいかないまでも、誰にでも簡単にできることを知っていただきたいのです。

しかし、ここには「三つの壁」があります。

「起業の壁」「黒字化の壁」そして「イグジットの壁」です。

しかし、これら三つの壁を容易に乗り越える、「ミニマム・イグジット六つの原則」があります。

それは以下のとおりです。

1　成功例を徹底的にコピーする

差別化のために「人と違うこと」をするのではなく、「すでに成功している人がいる分野」を選んで起業する。

2　人を介しない分野に注目する

無人のスポーツジム、ロボット対応ホテル、コインランドリーなど「人件費がいらない」分野は利幅が大きくなる。

3　自分の成功ビジネスを10個コピーする

一つのビジネスが成功したら、フランチャイズや家元制度などで同じビジネスモデルのお店やサービスを10個作り、利益を10倍にする。

4　売却時のためにはじめから「売上へ利益」の分野で勝負する

収入10億円のうち1000万円が「純利益」では少なすぎる。
収入1億で4000万円の純利益（目標：50％純利益）を目指す。

5　個人と会社のお金を分ける

会社のお金は個人のお金ではない。
健全経営することでイグジットしやすくなる。

6　国際的なビジネスセンスを身に着ける

国際ニュースをヒントに、顧客開拓、販路拡大、イグジット先の全てにおいて、「世界」を視野に入れる。

本書では、これらの6原則をより詳しく解説していきます。
ポイントさえ押さえれば、「ミニマム・イグジット」は本当にシンプルなビジネスモデルであることが理解できます。

ぜひ本書を参考に、企業に雇われ続ける人生ではなく、大企業に事業を売却し、「ショートカット」で億の資産を築く人生を歩んでください。

第1章 起業3年後に行き詰まる人VS世界に羽ばたく人

第2章

100万円で作った会社が3000万円に化けるには

第3章

ゴールから逆算する「ミニマム・ローンチ」七つの条件

第4章 「高く売れる会社」に育てるには

第5章
「最高のタイミング」で会社を売りに出そう

第6章
「仲間選び」を誤ると「ミニマム・イグジット」は失敗する

第7章 日本を「イノベーションあふれる国」にするために

第1章

起業3年後に行き詰まる人 VS 世界に羽ばたく人

「自由な働き方」の波に乗れていますか？

ほとんどの日本の若者は大学を出た後、企業や公務員などの「雇用される働き方」を求める傾向が見られます。

しかしその一方で、なかなか上がらない給与や退屈な仕事に不満を感じたり、自由な働き方に憧れたり、そういった動機から、内心で「いつか起業したい願望」を抱く日本人は確実に増えていると私は実感しています。

本書を手にしたあなたもその一人ではないでしょうか？

ここで大切なことを一つお伝えいたします。

それは「『いつか』ではなく『今』動いてください」ということです。

あなたが今、何歳かは私にはわかりませんが、しかし確実に言えるのは、今のあなたは、人生で一番若いということです。

日本政策金融公庫の「2023年度新規開業実態調査」によると、日本で起業する方々の4人に1人は50歳以上です。勤めていた企業を定年退職し、仕事で得た人脈や経験を使って起業する方もいます。

しかし、私は、若いうちから挑戦することを強くお勧めしています。起業は冒険だからです。体力も精神力も必要です。だから、若いうちにはじめたほうがいいのです。若くて、身軽なうちに動き出したほうが各段に良い結果が残せます。60代で起業するよりも、30代、40代、50代で起業したほうが、いいパフォーマンスを発揮できます。

優秀な方なら大学卒業後にそのまま起業してもいいですし、その分野のトップ企業に10年くらい勤めて、ビジネスモデルを学んでから起業するのもよいでしょう。

後ほど詳しくお伝えしますが、**起業とは、ゼロから発想するのではなく、既存のビジネスモデルをコピーする**ところからはじまります。

もし70歳で大成功しても、残りの人生はせいぜい30年くらいしかありません。しかし、30歳で成功したら、70年近くも自由で豊かな生活を楽しめます。

人生で一番若い「今この瞬間」に動きはじめよう！

「資金がない」「アイデアがない」「勇気がない」という病

まず、起業に必要なものは、大きく分けて次の三つ。**資本金、アイデア、そして勇気**です。

まず「資本金」ですが、100万円もあればよいでしょう。

今のビジネスは在宅でも行えますから、一人で起業する場合、事務所を借りる必要はありません。営業も、わざわざ営業パーソンを雇用して毎月の基本給を払う必要はありません。都度、成功報酬を支払う形で十分です。宣伝・PRに関しても、商品、サービスの種類にもよりますが、たとえば、インフルエンサーにその都度業務委託で協力を依頼すればよいので宣伝担当を雇用する必要もありません。そのほかのマーケティングに関しても基本は外注で済みます。基本給ゼロ円体制にすることで、人件費はぐっと抑えられます。

もちろんこれは一例にすぎませんが、今はランニングコストを減らす手段がたくさんあるということを覚えておいてください。その方法については、本書で詳しくお伝えします。

また、起業のアイデアについても心配はいりません。なぜなら、無理をしてアイデアをひねり出す必要はないからです。

基本は「成功したビジネスモデルをマネる」ことです。どんな偉大なビジネスパーソンも、最初は模倣からはじめたのです。むしろ、ゼロから発想してしまうことを避けるべきでしょう。

では、起業するために一番足りないものはなにか。

それは勇気です。

今の仕事や生活に不満はあるけれど、一歩を踏み出す勇気がない。それが現実です。このまま今の会社に勤め続ければ、理想的ではないけれど安定した生活が送れる。それを失うリスクを冒す勇気を持てないのです。

しかし私は、そういう方は、視野が狭くなってしまっていると思います。

世界中にはたくさんのお金持ちが悠々自適に暮らしています。たとえば、世界のお金持ちの生活は「世界　お金持ち　暮らし」でネットで検索すれば、すぐに出てきます。

彼らは、あなたの想像もつかないような生活をしているはずです。

快適で大きな家に住み、自由時間で好きなことを楽しみ、素敵なパートナー、恋人、友人、仕事仲間とともに人生を過ごしています。そしてもちろん、それほど大きなストレスを感じずに大きな収入を得て、金銭的な不安もなく日々を過ごしています。

そういう人々の生活を知ると、起業への勇気も湧いてくるはずです。

勇気が出ないのは、目標を具体的に想像できないからです。想像できないなら、ネット検索だけでよいので見てみればいいのです。

日本の人々はお金の話を避ける傾向がありますが、人の幸せや自由さが、お金と強く関係するのは否定できない事実です。お金があれば、もっと自由な生活を送れますし、もっとたくさんの楽しみに触れることができます。あなたの大切な人をもっと幸せにすることもできます。

もしウソだと思うのなら、今のあなたの悩みを10個、書き出してみてください。そのうち、お金で解決できない悩みはいくつありましたか？　ほとんどの悩みは、お金で解決できてしまうのではないですか？

お金を人生の目的にする必要はありません。しかし、お金によって人生が豊かになることは間違いありません。そこから目を背けないでください。

「世界　お金持ち　暮らし」で今すぐ検索する！

友人同士のビジネスが長続きしない理由

起業にあたって、どうしても避けていただきたいことがあります。それは、**友人とビジネスを立ち上げてはいけない**ということです。

私が中国で弁護士をしていたときの話です。私は副業として、トランポリンパークのビジネスを親友Ａと一緒にやっていました。トランポリンを設置した公園を運営するビジネスです。Ａという親友を信頼していましたから、簡略な契約書しか結びませんでした。

運良く会社は黒字になったのですが、拡大するフェーズに入ったころ、Ａは大学のクラスメートを管理職待遇として採用したいと言い出しました。

しかし、私はそれに反対でした。その方の能力が明らかに足りないと感じたためです。ですが、Aとの関係を壊すことも避けたい。私はその会社から身を引き、弁護士も辞めて日本に来ました。

今、その会社は中国で最大のトランポリンパーク運営会社になっています。しかし、そこにAの大学のクラスメートはいません。Aと大喧嘩をして会社を辞め、なんとAのライバル会社を立ち上げてしまったのです。


私たちはこのエピソードから何を学ぶべきでしょうか?


ビジネスでは、冷静で客観的であることが重要です。ビジネスは冷たい数字だけで動きますし、動かすべきです。もちろんビジネスでも感情が必要になる場面はありますが、あくまで冷静かつ客観的であることが基本です。

しかし、友人とのビジネスでは、それはできなくなります。まず、感情が絡むからです。

ビジネスでは契約を交わすことが大前提です。しかし、かつての私のように、友人とは契約を結びにくいという方が多いでしょう。契約を交わすと感情を損ないますし、そもそも、信頼関係があるから契約は不要だと考えがちだからです。

しかし、立ち上げたビジネスが成長するにつれ、人は変わっていきます。友人の考え方も変わり、あなたもまた変わるでしょう。すると、かつての信頼関係や約束を維持するのが難しくなります。

ビジネスに失敗したときにトラブルになった例はよく聞くかもしれませんが、成功を収めた場合でも人は変わることを忘れてはいけません。それもまたトラブルの種なのです。

繰り返しますが、人は変わります。私もさまざまな例を見てきましたが、それは今のうちにぜひ頭に刻んでください。

友人と起業するな！するならシビアな契約を結べ。

個人のお金と会社のお金をどう考えるか

起業した会社の株主があなた一人の場合、会社のお金を自由に使うことができます。そのことに魅力を感じている方もいるでしょう。

しかし、その考えは今日から捨てるべきです。イグジットを目的にする場合、個人のお金と会社のお金とをはっきり区別する必要があるからです。

本書は、立ち上げた会社を3年ほどでイグジットすることを目標にしています。それは、これからお伝えするように短期間で会社を売却するメリットがとても大きいためです。そのためには、立ち上げ当初からお金の管理を厳格にする必要があります。

なぜなら、お金の管理がルーズで、会社のお金と個人のお金とがあいまいになっていると、将来の売却に失敗するリスクがとても高くなるためです。お金の流れがクリアであることは、イグジットを成功させるための必須条件です。

そもそも、個人のお金と会社のお金の区分があいまいな会社は、イグジットの際に高く売れません。

今は法人への税務調査がとても多くなっています。売上が大きく上昇すると、調査が入る可能性は少なくありません。その際に使途不明金扱いの経費などが発覚すれば、対応に非常に手間がかかります。

ですから、個人と会社のお金は、はっきりと分けてください。

付け加えると、イグジットを目標にする場合は、過度の節税も避けるべきです。節税をすると見かけ上の利益を圧縮することになりますが、イグジットでは利益の額に基づいて会社の値段が決まるためです。イグジットでは売上ではなく、利益が重要であることを忘れないでください。

生活費を経費でまかなうな！
節税もするな！

社長は自分の手をどこまで動かすべきか？

イグジットで「高く売れる」会社にするために大切なこと。それは、社長が自分の手を動かさない会社にすることです。社長は、実務をやってはいけません。

起業から3年後のイグジットを目標とする本書では、イグジットまでを三つのステップで考えていきます。おおむね、1ステップが1年間です。

まず、1年目。達成すべき目標は黒字達成です。先の項目でお伝えしたように、イグジットでは売上ではなく利益が重要です。したがって、早い時期から黒字にすることは必須です。

それを実現するための最重要ポイント。それは営業に力を入れるということです。

営業に力を入れ、売上を立て、利益を残さないことには、いくら優秀なスタッフを揃えても目標は全く達成できません。それだけ「売上・利益」には、最大限にこだわってほしいのです。

2年目では、黒字を維持したまま、ビジネスモデルを少しずつ変えていきます。スタッフを育成し、自分が手を動かす時間を極力減らしていくのです。

3年目には、社長であるあなたは、一切の実務をやらないようになっているべきです。実務は成長したスタッフにすべて任せてください。代わりに、あなたは、新しいビジネスの開拓と、社内の問題解決にだけ注力します。社長が自ら実務をやるような会社は、価値が社長の腕に依存していますから、大きくなれないからです。

たとえば、ラーメン店を立ち上げたとしましょう。多くの人が犯すミスは、自ら厨房に立ち、腕を振るってしまうことです。

社長自らがラーメンを作るのは1年目だけです。2年目以降は他のスタッフに厨房に立ってもらい、あなたはビジネスの拡大や、必ず発生する問題の解決だけに力を注ぎます。価値が高い会社ほどこういった特徴があります。

自分で実務をやってしまう社長が多いのですが、それは大きな誤りです。先ほど書いたように、実務は社員の仕事です。社長の1年目は営業の実務だけをやり、2年目からは社員たちの教育と、会社の未来への投資や融資などを実行してください。社長の時間はとても大事です。実務など社員たちに任せられる仕事より、誰も代われない仕事を行うことが最優先なのです。

そもそも、実務をやるならサラリーマンのままでいいのです。サラリーマンは収入保証があります。起業したということは、保証がなくなります。

それでも、まだサラリーマンを続ける日々は、あなたが望む未来ではありませんよね。社長自らが現場で腕を振るうのはNG。現場や実務は早いうちにスタッフに任せましょう。それが成長のコツです。

社長は「作業」をするな！スタッフに任せて「経営」をしよう。

グローバルな夢を持つ

イグジットでは、現時点での企業価値だけではなく、企業の将来性が問われます。どれだけ成長する力を秘めているかどうかが、会社の価値、つまりは会社の売価を左右するのです。

したがって、未来へのストーリーを描く必要があります。この企業の5年後、10年後はどんな期待値があるのかを、ワクワク語れなければいけないのです。

そのために私が強くお勧めするのが、グローバルを視野に入れることです。

グローバルな視野を持つということは、すなわち日本で生まれたあなたのビジネスがローカライズ（適正化）され、世界各国に向けて展開され、どんどん売上をあげてゆく理由を言語化するということです。国内だけでなく海外でのニーズをプレゼンテーションすることで、会社の期待値をダイナミックにアップすることができるのです。

しかし、日本は、グローバルなビジネスをやろうとする人がとても少ないように感じます。

具体的な要因として私が思いつくのは、英語力の弱さです。世界最大の英語能力指数ランキングである「EF英語能力指数」２０２３版によると、日本は１３３の国および地域中87位です。アジアでは23の国と地域中15位と、先進国にしてはとてもさびしい順位です。

スイスに拠点を置くビジネススクール・ＩＭＤ（International Institute for Management Development）が２０２３年に発表した「世界人材ランキング２０２３」では、調査対象の64か国・地域のうち、日本は43位となり、過去最低記録を更新してしまいました。

しかし、日本国内ではあまり話題になりませんが、実は、日本の文化や商品、サービスは、海外で根強い人気があります。

トヨタなどの日本メーカーの車は世界中、特にアジアではとても人気です。東南アジアでは、日本の化粧品に若い女性が殺到しています。日本の漫画、『ONE PIECE』

のドラマ版はNetflixで約1か月のあいだ人気一位をキープ……などなど。多くの日本人が日本にこもっている今は、大きなチャンスなのです。

「英語が苦手だから……」と尻込みする人が多いと思いますが、大丈夫です。ビジネスシーンであっても、英語が完璧である必要はまったくありません。身振り手振りと片言の英語でも大丈夫です。「TED」でプレゼンをするわけではないのですから。

私は大学時代にアメリカのドラマと映画で英語を学びましたが、もちろん完璧な英語ではありませんでした。それでも、ビジネスシーンで困ることはありませんでした。今はスマホの自動翻訳も使えますし、心配することはなにもありません。

せっかく起業するのに、日本にこもる理由はありません。日本は世界で大人気なのです。勇気を持って、外に出ましょう！

メイド・イン・ジャパンの信頼を活かし、世界展開の「将来期待値」を増強しましょう！

グローバル化を目指すということは、利益が100倍になるということ

日本は、他の先進国と比べて海外に向けてビジネスをしようと考える人が少ないのが特徴です。

理由は複数あります。一つは、前も書きましたが、言語と文化の壁。外国語に不慣れな人が多いだけではなく、独自の慣習も多いですから、他国のビジネス文化に適応するだけでも大変です。

それから、国内市場の大きさ。日本は経済的に発展しており、国内市場が非常に大きいため、企業が国際展開する必要性が相対的に低いのです。

そして外せないのが、リスク回避傾向です。日本の一部の企業や個人には、新たな

市場に進出することに伴うリスクを回避する傾向が非常に目立ちます。これは、安定性や確実性を求める日本文化の特徴も関与していると私は考えています。

ここまで書いたことと関係するのですが、法的な課題です。海外進出には異なる法体系や規制への適応が必要です。日本だけでビジネスをしてきた企業にはそのための知識やリソースが足りません。

それでも、私は海外、特にアジアを視野に入れた起業をすることを勧めます。

なぜなら、アジア諸国は日本や英米ほど競争は激しくないにもかかわらず、多くの人口を持っているからです。人口が多いということは、チャンスも多いということです。

国名を具体的にお伝えすると、中国とインドネシアを勧めます。

中国にチャンスが多いことはよく知られています。

経済的に急速に成長しており多くの産業が拡大しています。特に注目されている産業は、消費者市場、テクノロジー、医療、クリーンエネルギーなどです。中国は、これらのなかでもテクノロジーとイノベーションに焦点を当てており、人工知能(AI)、電気自動車、クラウドコンピューティングなどの分野で先導的な地位を築いています。

さらに、環境問題への取り組みが進む中、クリーンエネルギー、廃棄物管理、環境保護技術などの分野でもビジネスチャンスが広がっています。高齢化と中産階級の拡大に伴い、医療、バイオテクノロジー、健康食品などの健康関連産業が成長しています。チャンスが多いのです。

中国が世界最大の電子商取引市場である点も見逃せません。新興企業や小規模事業が戦いやすいオンライン小売市場が急速に拡大しているからです。

ただし、中国市場に進出する際には地域ごとの差異や規制への理解が重要であり、市場調査と戦略の構築が不可欠です。

インドネシアも非常に魅力的な国です。東南アジアの中心国であるインドネシアは、2億8000万人近くもの人口を持ち、急成長中。まだ発展中であるだけにルールが未整備な面もありますが、それはビジネスにとってはチャンスが多いという意味でもあります。20年前の中国のような国です。

「現在進行形」の話ですので書くのは難しいのですが、インドネシアで未整備もしくは整備が進行中の、成功の可能性があるビジネス関連の法規制には以下のようなものがあります。

外国投資規制

外国企業や投資家に対する規制が進行中で、外国からの直接投資に関する法的な変更がこれから行われる可能性があります。

デジタル経済規制

インターネットなどデジタル経済における法規制が追いついておらず、これに対する新たな法的枠組みの整備が求められています。

他にも環境保護規制や雇用法規制は、目下、整備中です。

インドネシアでビジネスを検討する場合、最新の法的情報を確認し、現地の法的アドバイザーや専門家に助言を仰ぐことが重要ですが、今なら非常にチャンスが多い国だと言えるでしょう。

そして、こういった国々では「日本」が強力なブランドになっていますから、それだけでもとても有利です。「日本製」という文字がつくだけで、他の国の製品よりも2割増しの価格をつけられるくらいです。

日本には魅力的な商品がたくさんあります。コスメやサプリメント……さらには、サービスもです。マンション管理ノウハウなど、日本のサービスはとてもよいからです。

今の私は、日本のスキーリゾートのヴィラを海外向けに販売する会社を経営していますが、顧客の95%は香港の人々です。日本にいるとわかりませんが、海外から見ると、日本のモノ、コトは、それほど魅力的なのです。

ただし、はじめての起業でいきなり海外進出も難しいでしょう。初年度は国内向けのビジネスだけでも大丈夫です。日本国内での実績は、海外向けの宣伝にもなります。たとえば、1年目はコスメを国内向けに売り、その実績をもとに2年目からはアジア諸国に向けて販売……といったプランを立てられるでしょう。

具体的な戦略は追って説明しますが、とにかく海外、中でもアジアを念頭に置いて起業すると、数年後の企業価値に大きな差が出ます。グローバルな視点を持ってください。

日本はアジアで大人気。将来的な海外進出を織り込んだうえで起業しよう。

せっかく作った会社なのに……

こういった質問をよくいただきます。なぜ3年後のイグジットを勧めるのか？　せっかく育てた企業を売ることを勧めるのか？　と。1回作った会社を生涯愛情を込めて育て続けたい。あるいは、リタイアしたら子どもに譲りたいと考えている人も少なくないと思います。

しかし、私がイグジットを勧める最大の理由は、**企業を続けることはリスクが大きい**という点にあります。

現代社会は「ＶＵＣＡ（ブーカ）」だと言われています。それはVolatility（変動性）、Uncertaim I nty（不確実性）、Complexity（複雑性）、Ambiguity（あいまい性）の頭文字をとったもので、要するに社会の変化が速く、激しいという意味です。先を見通すことが難しい時代なのです。

たとえば、新型コロナウイルスの蔓延やロシアによるウクライナ侵攻を予測できた人は、ほとんどいないでしょう。でも、こういった出来事によってダメージを受けた企業の数は計り知れません。ここ数年だけでも大量のホテルやレストランが倒産しています。

不確定要素はそれだけではありません。以前、私は民泊管理会社を経営していましたが、私がその会社を売却した後の2017年の法改正によって、民泊管理会社の約9割が倒産したと聞きます。

そんな時代に、一つの会社だけをずっと経営し続けるのはリスクでしかないのです。しかし、会社を売却してキャッシュに変えておくことで、価値の損失のリスクは下げられるのです。

キャッシュ（日本円）は不安定では？　と思うかもしれませんが、会社経営の不安定さとは比べ物になりません。今の世界の経済状況では、会社を継続的に経営するリスクはキャッシュ（日本円）の価値が変動するリスクより圧倒的に高いと言わざるを得ないのです。

また、キャッシュが手元にあれば、会社経営よりもずっとリスクが低い投資に使うことができます。不動産投資でも信託投資でもいいですが、やはり会社経営よりはずっと低リスクです。だから、会社の状態がいいときに売り、リスクの低いキャッシュに変えるべきなのです。

また、新規公開株式（ＩＰＯ）という手もあります。ＩＰＯとは自社の株式を自由に譲渡できるようにすることで、つまり株式を出資者に渡すことで利得を手に入れることができます。

しかし、私はお勧めしません。

まず第一に、ＩＰＯは簡単ではないからです。今は審査が厳しいですし、成功するにしても審査に2年ほどかかりますから、半年ほどで済む売却よりも時間が必要です。

また、ＩＰＯは一人（一社）に売ればそれでいいイグジットとは異なり、多くの株主を相手にしなければいけないため、手間がかかります。さらに付け加えると、ＩＰＯの最大の目的は融資の獲得ですから、あまり融資を必要としないビジネスなら、ＩＰＯの必要性が低いのです。

ＶＵＣＡの時代に一つの会社を持ち続けるのはリスクです。それよりは早い段階で売ってキャッシュに変え、それを元手に次のビジネスを手掛けましょう。

起業から3年後のイグジットを目標とするのが本書ですが、誤解しないでいただきたいのは、**イグジットはゴールではないということです。売却は、次のスタートです。**

まず、そのビジネスを「すべて」清算したいならば、すべての株式を売却してキャッシュに変え、それを元手に次のビジネスをはじめてください。その意味で、イグジットは次のスタートです。

イグジット後も、その会社でのビジネスを継続する手もあります。売却する株式を、たとえば全体の80％などにとどめ、かつ自分自身は代表取締役などとして会社に籍を残すやり方です。

この手法が可能かどうかは、買主とオーナー（創業者）との協議次第です。イグジットでは必ず会社の株式を１００％売るわけではありません。たとえば会社を管理する人材がいない場合、買主側は創業者に一定の株を残し、かつ創業者本人は代表取締役などとして会社に籍を残すことを条件とするパターンが多いのです。

このパターンのメリットは二つ。一つは売却した株式分のキャッシュを手に入れられることですが、もう一つは、会社の株を買ってくれた新しい株主の人脈を使えることです。

株主は、単にお金を出してくれるだけの存在ではありません。人脈などのリソースも提供してくれる場合も多いのです。株主としても、株を買った会社が成長すれば、それだけ利益は大きくなります。

たとえば、私の民泊管理会社を買ったのは福岡県の大きなディベロッパーだったのですが、彼らは、彼らが持つマンションの相当数を民泊に使えるようにしました。

私が管理していた物件は200件ほどだったのですが、それが一気に1000件になったのです。当然、会社としての価値は大きく上がりました。私はイグジット後も、手元に10%の株を残していましたから、イグジットによる利益はとても大きかったと言えます。

イグジットはゴールではなく、手に入れたキャッシュで次のビジネスを起こすためのスタート。

第2章

100万円で作った会社が3000万円に化けるには

会社は「小さく興して育てて売る」

会社は「小さく興して大きく育てる」のが大原則です。本著では、それに「黒字を出してすぐに売る」というフェーズを加えています。

国税庁の「令和3年度分会社標本調査」によると、日本の法人のうち、なんと61・7%が赤字企業です。黒字の企業よりも、赤字の企業のほうが多いのです。ならばなおさら、起業したばかりの未熟な企業がいきなり黒字を達成できる確率は低いと想像がつくでしょう。利益が出ないまま倒産するリスクもかなりあります。そう、企業にとっては、最初の1年を生き抜くことが、最初にして最大の試練なのです。

では、会社にとっての「生きる」とはなんでしょうか?

それは「黒字を出し続ける」ということです。どんなに小さい企業でも、黒字を出し続ければ生き延びられる可能性は高くなります。逆に、どんなに大きな企業でも、赤字が続くと死んでしまいます。売上高も資本金の額も関係ありません。

そして黒字にしやすいのは、コストの小さい企業です。私が小さく会社を興すことを勧めるのは、そのためです。

ミニマムな起業を勧める理由はもう一つあります。それは、自然とビジネスモデルもシンプルなものになり、後にそのビジネスモデルを再現しやすい、つまり拡大しやすいからです。まずは小さく、シンプルなビジネスを立ち上げ、利益が出たらそれをコピーして広げていくのです。

具体例を挙げましょう。「ホテル管理会社を作ろう」と考えるとき、いきなり多数のホテル管理を担う大きな会社を作るのは、リスクが大きいです。

私ならまず、「ホテルの清掃」に絞った小さなビジネスからはじめます。清掃に特化した会社を作り、ホテル管理会社やホテルからの外注を獲得し、ビジネスをはじめるということです。

そのようなビジネスなら低リスクで、利益も出しやすいでしょう。何よりも、ホテルやホテルに関係する他の企業・ビジネスパーソンとのつながりができてくるはずです。

人脈や経験を得た後は、ホテルにまつわる他の領域（飲食やブライダルなど）に、やはり小さく進出します。

さらにそこでも利益が出るようになったら、ついに本丸であるホテルそのものの経営に乗り出し、会社を大きくしていくことができるでしょう。

まずは、成功しやすい分野で小さくシンプルなビジネスをはじめる。それが成功への第一歩です。

「分野特化型」のシンプルなビジネスモデルでスタートしよう。

「重いビジネス」と「スモールビジネス」を理解しよう

ビジネスには、「重いビジネス」と「スモールビジネス」の二つがあります。私が勧めるのはスモールビジネスです。

重いビジネスとは、コストが大きいため利益率が低くなる大規模なビジネスのことです。たとえば、自動車メーカーや建築会社がそうです。仕入れにも人手にもコストがかかります。こういった企業は売上が大きいので利益も大きく見えますが、実はコストも大きいのです。

当たり前のことではありますが、利益は「売上げ－コスト」によって算出されます。そして、何度も書くように、ビジネスで重要なのは売上よりも利益なのです。

一方のスモールビジネスとはコストが小さいビジネスのことで、物販ではなくサービス業が主流です。

以前私が手掛けていた民泊管理会社は、スモールビジネスでした。なぜなら、民泊管理の「ノウハウ」を売っていたからです。ノウハウを売るなら、あまりコストはかかりません。

人件費を抑えるのがスモールビジネスの重要なポイントです。しかし、人手がかかるビジネスでも、スモールビジネスモデルは実現可能です。やはり、私が以前手掛けた清掃会社は、清掃スタッフは必要でしたが、モノは売らずに「労働力を売る」軽い会社でした。スタッフもアルバイトとして、コストを最小限にしました。

今は昔とは違い、スモールビジネスを立ち上げやすい時代です。たとえば、20年前に自社のビジネスを広げようと思ったらたくさんの営業パーソンが必要でしたが、今は多数のSNSインフルエンサーが存在します。営業パーソンを雇わず、インフルエンサーに案件ごとにフィーを払う形式ならばコストは大幅に抑えられるでしょう。案件ごとの契約ならば、「基本給」という極めてヘビーなコストが発生しないからです。

このようなスモールビジネスを勧める理由は、とにかく黒字化しやすいからです。仮に売上が落ちてしまっても、コストが小さければ黒字を維持できます。当たり前のようですが、これは極めて重要なポイントなのです。

重いビジネスは売上が大きいですが、コストも大きいことを忘れてはいけません。もし売上が落ちてしまったら、短期間でコストを圧縮するのは難しいため、大きな赤字がのしかかるリスクがあります。

でも、スモールビジネスならその心配はいりません。極端な話、**コストがゼロ円のビジネスなら、1円以上の売上があれば黒字です**。原理的に赤字が出ないのです。

もっと重要なことは、コストが小さいスモールビジネスは、イグジットで高く売れるということです。重いビジネスの売却額はその時点での利益の3倍程度が相場です。スモールビジネスなら、10倍が相場になります。スモールビジネスは、買い手にとっても魅力的だということです。

その理由は、リスクの低さにあります。重いビジネスを買うためには多大な投資金が必要ですから、リスクが高くなるのです。でもスモールビジネスならその逆です。たとえば私の最初の会社である民泊管理会社は、当時の利益は年900万ぐらいでしたが、1億円で売れました。年間利益の10倍以上ですね。投資金も少ないスモールビジネスだからこそ、高いお金を出して買う価値があると判断されたのです。

ただ、私の三つ目の会社はディベロッパーですから、重いビジネスでした。当時の年間利益は6億弱と民泊管理会社よりはるかに大きかったのですが、売値は15億円でした。まあ、重いビジネスならこんなものです。

今はビジネスをどんどん軽くできる時代です。コストを抑えることとモノ以外を売ることを意識してビジネスを探ってみてください。

「スモールビジネス」をはじめるには

スモールビジネスにおいては、資本金は１００万円もあれば十分です。

先ほど例に挙げた清掃会社を「スモールビジネス」として立ち上げる場合を考えてみましょう。最低限必要なのは、立ち上げの手続き費用と事務所の賃料、スタッフの人件費です。

司法書士に依頼する設立関係費用がざっくりと30万円程度、事務所の頭金が30万円として、合計60万円。残りの40万円が人件費ですが、スタッフ１名の人件費を月あたり20万円として、２か月分とします。しめて１００万円です。

立ち上げのコストが小さいということはそれだけ黒字を出しやすいということを意

味しますから、1年目に黒字を達成するのは難しくありません。

もちろん、3〜12か月目も人件費は発生します。しかし、そのころには売上も発生していますから、人件費を含むコストをカバーできます。

ですから私は、会社設立前にも準備期間を3か月ほど用意し、2か月以降に利益が出るように顧客を確保します。創業してから考えはじめるのでは遅いのです。


こうして、1年目で利益を出し、その時点でイグジットできる状態を作ってほしいのです。

1年目に100万円の利益が出たということは、2年目はそのビジネスモデルを拡大させればよいのです。2年目に300万円ほどの利益を達成することは、さほど難しくないということです。

もし2年目に300万円の利益を出せれば、スモールビジネスなら利益の10倍ほどの額で売れますから、3000万円でのイグジットが期待できます。

すなわち、100万円で作った会社が、3年で3000万円で売れるということです。

ちなみに、ここで述べた例は「捕らぬ狸の皮算用」ではありません。スタッフに固定給を払うことを想定していますので、むしろ厳しめのシミュレーションです。人件費を固定給ではなく歩合制にできるビジネスモデルならもっとコストを圧縮できるため、黒字も大きくなるでしょう。

日本ではいまだに、営業パーソンの成功報酬式（コミッション式）が少ないようですが、中国をはじめ世界では歩合制が当たり前になっています。歩合制が浸透しないせいで日本企業は余計なコストを背負い込んでしまい、そのことが日本経済の足を引っ張っているというのが私の考えですが、それは後述しましょう。

「イグジットは大企業の手法」という大きな誤解

日本では、イグジットは大企業のもので、小規模なスタートアップには無関係だと思っている人が多いのですが、それは違います。

プライム市場にはイグジットの仲介会社が数社、具体的には㈱ストライクと㈱日本M&Aセンターがあります。それらの実績を見ると、1億円以下の仲介が大半です。

つまり、**中小零細企業のイグジットのほうが多い**のです。レコフデータの調査によると資本金1億円以下の中小企業が当事者となるM&Aの成約件数は2021年だけで3403件に上るそうですが、これは私の感覚を裏付けています。

それにも関わらず「イグジットは大企業のもの」というイメージがついてしまって

いるのは、単にメディアで報道されるのが大企業のイグジットであるというだけの話です。小さい企業のイグジットにはニュースバリューがないので報道されませんが、実は数はとても多いのです。

そして、**イグジットがうまくいくかどうかに企業の規模は関係ありません。大切なのは、利益が出ているかどうか**です。売上ではなく利益です。

遠い世界の話だと思っていたイグジットが身近なものに思えてきましたか？　あなたも、数年後にはイグジットを成功させているかもしれませんよ。

これは余談ですが、イグジット仲介も私が定義する「スモールビジネス」に相当します。コストが小さいため、売上の7割近くが利益になるというわけです。これらの会社は極めて高い給与で知られていますが、それも当然の話です。

イグジットのタイミングは「成長期」

イグジットは勢いが大事です。メディアでは大企業の大規模なイグジットばかりが話題になるため、ずいぶん時間をかけるイメージがあるかもしれませんが、実は小さい企業のイグジットでは瞬発力が大事です。

前も書いたように、現代社会は何が起こるかわからず、それが大きくビジネスに影響します。新型コロナウイルスにウクライナ侵攻など、状況は突然変わるので、長期的な計画を立てるのが難しいと言わざるをえません。

つまり、私が定義する「いい会社」とは、「経営計画と戦略をフレキシブルに変えられる企業」ということになります。

「でも、イグジットを成功させるには長期的な事業計画が必要では？」と思われるかもしれませんが、その必要はありません。事業計画は1年分で十分です。もっと言えば、**事業計画以前に、決算書が1年分だけあれば売却が可能なのです。**

ここだけの話、私が民泊管理会社を売却した際には決算書さえありませんでした。設立1年目の決算前に売却が決まったからです。このときは翌年の試算表だけで売却が成立しました。

イグジットには3〜6か月くらいの期間が必要です。だから、数か月先くらいまでの明るい見通しがある上り調子のときに売るべきです。安定飛行に移ってからではなく、離陸して高度を上げているときに売るべし、ということです。

しつこいようですが、現代は一寸先は闇です。**成長し、安定期に入ってから売るようでは手遅れで、高い価値はつかない**でしょう。

会社を作ってから売るまでの3年間は全力疾走をしてください。

犠牲にするものは多いかもしれませんが、それだけ得られるものも多いのです。数年間我慢するだけで何千万円ものキャッシュが手に入るなら、がんばる価値はあるのではないでしょうか？

人生はせいぜい100年です。私は以前から、40歳でのリタイアを目標にして走り続けています。40歳になったら、イギリスで好きなことをやりながら家族とのんびりと暮らすつもりです。

みなさんだって、そのくらいのささやかな夢を実現できるのです。そのためならば、数年間くらい、全力でがんばってみませんか？

イグジットは瞬発力が
命。数年だけの全力疾
走でキャッシュを得よ
う。

イグジットとは、繰り返すもの

イグジットは1回きりではありません。3年ごとに起業〜売却を繰り返すことで、手持ちのキャッシュはどんどん膨れ上がります。

起業とイグジットは、1回目よりも2回目、2回目よりも3回目のほうが楽で儲かります。「イグジットを成功させた」という実績が強力な信用力になるからです。

買う側の立場からするとイグジットにはリスクがありますから、実績がある事業主からのイグジットが望ましいのです。

実際、私もイグジットを積み重ねるにつれ仕事がしやすくなり、より多くの利益が得られるようになりました。一社目の1年目の利益は700万円くらいでしたが、三社目は1年目で5000万円、2年目で6億円くらいの利益が出ました(売上ではなく、利益です)。

こうしてイグジットを繰り返すことで、あなたの手元にはキャッシュがどんどん貯まっていきます。お金が人生を自由に楽にしてくれます。

イグジットで手に入れたお金は、夢を叶えるための資金源になります。今の私の夢は住む家がない犬たちを助けることですが、そのためにはかなりのお金がかかります。

もちろん私がみずから動いて犬たちを助けてもいいのですが、それでは年に2、3頭を助けるのが精いっぱいでしょう。今も私は二頭の犬たちと暮らしていますが、それだけでも大変なくらいです。

ならば、私はイグジットでお金を稼ぎ、それを資金にしてたくさんの犬たちを助けたほうが夢は大きく叶うのです。ビジネスパーソンとしての夢と、人生の夢は別です。ビジネスパーソンの夢はお金しかありえません。

お金があれば、人生の夢を叶えられます。イグジットはそのための手段なのです。

イグジットを繰り返すたびに信用と現金が雪たるま式に膨らむ。

第3章

ゴールから逆算する「ミニマム・ローンチ」七つの条件

「身の丈ビジネス」の立ち上げ方

この章では、ミニマム・イグジットのために立ち上げるべきビジネスの具体的なイメージをお伝えします。

先にお伝えしておきますが、**ビジネスでは失敗がとても大切です。失敗からしか学べないことがたくさんあるからです。**私もたくさんの失敗をしましたし、みなさんもビジネスをするなら、失敗は避けられないでしょう。

失敗すること自体は、まったく問題ありません。問題なのは、再起が不可能なほどの失敗をしてしまうことです。

では、失敗を再起できる程度にとどめるには……?

答えはやはり、スモールビジネスから立ち上げることです。もちろん「ビジネスの小ささの定義」は人によって異なるでしょう。もう少し正確に書くと、用意できる資金によって違ってきます。仮に手元に1億円のキャッシュがあるならば、相当大きな失敗をしても立ち直れますが、そういう人は少なそうです。

最初の会社は、もし失ってしまっても、もう一度チャレンジできるくらいの資金で立ち上げてください。ここで大きすぎるビジネスを立ち上げると、失敗したときに再起できないだけではなく、そもそも最初から経営自体がコントロールしきれない可能性があるのです

もし飲食ビジネスを手掛けたいなら、まずは小さいお店を一つ作るところからはじめます。土地や街を大規模に開発する不動産ディベロッパーを目指すなら、まずはコストが小さい不動産仲介業からはじめてください。このように、まずは小さく、小さく動きだしましょう。大きな夢も、小さな一歩からはじめることが大切なのです。

低コストではじめられるスモールビジネスとは、モノではなくコトを売るビジネスです。ここでいう「コト」には、知識や経験、時間が当てはまります。ノウハウを売るのもいいでしょう。

意識してほしいのは、**コピーしやすいものを選ぶ**ということです。ですが、ノウハ

ウを売るといっても、何十年も修行しなければ身に着かないような、属人的なノウハウを売るのは非効率的です。天才コックにしかできない料理、ベテランマッサージ師の施術、職人気質の大工の仕事……いずれも魅力的に聞こえますが、これらは属人的なノウハウに依存しています。

日本人はそういった職人芸を好みますし、それはそれで素晴らしいのですが、私がお勧めするスモールビジネスには向きません。そうではなく、もっとコピーしやすいものを目指してください。

たとえば今なら、需要が増加中のＡＩの使い方や教育方法を売るのもよさそうです。実際、私もＡＩを使うビジネスに取り組みはじめました。ＡＩに詳しくない顧客に、ＡＩソフトウェアを使いこなすノウハウを販売するビジネスです。

それ以外にも、ＡＩを使って建築物などの立体表現に欠かせないパース制作のビジネスも視野に入れています。人力でやるとかなりのコストがかかりますが、ＡＩならば格段に低いコストで済みます。

ＡＩの利活用に関しては、中国のほうが日本よりも数段進んでいる印象があります。中国を視察し、差別化ポイント発見のヒントにしようと画策しています。

それから、人をあまり必要としないビジネスであることもポイントです。たとえば、無人のコインランドリー、ジム、ワーキングスペースなどです。

人手を必要とする場合は、固定給で雇用するのではなく、インセンティブ制にするなど、人件費を抑えるようにしてください。社員を募集するのではなく、「パートナーを募集する」イメージです。

「スモールビジネス」はコピーしやすいビジネスモデルを狙え！

起業は「徹底コピーの法則」でしか勝てない

「知的財産権」というものがあります。これは法的に保護される知的な創造物のことで、ビジネスシーンでも非常に重要な概念です。「産業財産権」とも呼ばれる特許権、実用新案権、意匠権、商標権は、しっかりと守らなければいけません。つまり、マネをしてはいけないということです。

ですが、一つだけ、とても重要であるにもかかわらず、**マネが許されているものがあります。それが、ビジネスモデルです。**ビジネスモデルには知的財産権による独占が認められていないのです。

ビジネスモデル特許というものがありますが、それは「ビジネスの仕組み自体」への独占権ではなく「それを実施する際の技術的な工夫」への独占権です。まぎらわしいですが、アナログなビジネスの仕組み自体は模倣が許されているのです。

ですから、ビジネスをはじめるときには、必ず、先行した成功事例のマネからはじめるべきです。

ゼロからの発想は危険です。すばらしいアイデアなら、他の誰かがトライしているに違いないからです。誰もやっていないなら、やらないだけの理由があるのです。

残念ですが、あなたも私もスティーブ・ジョブズではありません。ジャック・マーでもありません。でも、本書はジョブズやマーではなくても成功できるビジネスを説く本ですから、心配しないでください。

もし、あなたがぼんやりと考えているビジネスモデルに近いものが同じ業界内にないならば、それは、そのビジネスが上手くいかないなんらかの理由がある可能性が濃厚です。その可能性を明らかにしない限り、チャレンジすべきではないでしょう。

また、あなたが考えていることに近い形の成功したビジネスがすでにあっても、それが潤沢な資金や大きな組織の力がバックボーンにある場合は、やはりマネするべきではありません。あなたは小さなビジネスをはじめるのですから。

起業はマネからはじまります。ビジネスモデルは知的財産として保護されないのですから、マネしない手はありません！　むしろ、マネしないのは危険です。それは自信過剰ですよ！

ミニマム・イグジットを目指すビジネスはマネからはじめるべきですが、その「仕組み」が正確に把握できないこともあります。それは、外から眺めているだけではわからないケースです。

ビジネスモデルを知る手っ取り早い方法は、その会社のクライアントになることです。顧客になることでほとんどの仕組みは理解できます。

飲食店なら食事に行くことで具体的な味やサービス内容を知ることができます。不動産仲介業をはじめたいなら、コピーをしたい同業他社の事務所に行き、申し込まないにせよ、接客を受けてみることをお勧めします。これによりビジネスモデルだけでなくサービスの質も把握することができます。

裏技としては、コピーしたいビジネスモデルの他社の社員をヘッドハンティングしてしまうという方法もあります。ただ、どうしてもコストがかかります。必ず、前の会社よりも高い給与を出さなければいけないからです。

しかし、スタッフごとノウハウを吸収できてしまうこの手法には強烈な効果があります。この場合の高い給与は必要コストと考えましょう（ただし、引き抜いた同業他社からの報復には気をつけてください……)。

私の印象では、中小企業のビジネスモデルの7割は簡単にコピーすることが可能です。**どんなに景気がいい会社も、結局は誰でも再現できることをやっているだけに**すぎません。

それでも会社によって差が出るのは当然で、社長と、その会社のスタッフの能力に差が存在します。

私が手掛けたビジネスをお教えしますと、不動産仲介業は、実は誰でもはじめられるビジネスです。特に難しいことはありません。売り方も、売る商品も、そう変わりはありません。

それでも差がつくのは、顧客を説得する力に差があるからです。そしてその差はリーダー、つまり社長であるあなたの能力の差でもあります。

能力があるいい社長のもとには、いいスタッフが集まりますし、いいシステムが作れるでしょう。その逆もしかりです。だから社長は必死に勉強しなければいけません。

そう、社長になるためには勉強が必要です。

ではどういう勉強をすればいいのでしょうか？　本を読む？　それもいいのですが、

起業のための情報収集に最適な方法は、テレビ番組のニュースを見ることです。そこには起業のチャンスのヒントがたくさん詰まっています。

私はいつどんなときでもニュースをチェックしています。その国で今、何が流行っているのか。ビジネスとして手掛けられるものがあるかの情報を集めるためです。

私が民泊管理会社を作ったのも、ニュースを見たことがきっかけでした。民泊への需要は大きく、賃貸運営と比べて利回りが2倍あると知り、この業界に興味を持ちました。

そして民泊での起業を決めた後は、参考にすべきビジネスモデルを知るために、クライアントの立場で大きな民泊管理会社を10社ほど実際に面接しました。

最初は日本の国内向けニュースでいいでしょう。あなたのビジネスの舞台になるのはまずは国内だからです。

その後は、海外展開を考えるならば、海外のニュースもチェックしてください。進出したい国のビジネスならなおさらです。

テレビのニュース番組を古いメディアと思うなかれ。

運命を分けるのは売上ではなく利益

何度も言いますが、**会社をイグジットするために大切なのは売上ではなく、売上からコストを引いた利益**です。

しかし、世の中には売上にばかり気を取られる人がとても多いのです。特に、はじめてビジネスをやる人がそうです。しかし、イグジットで見られるのは、売上ではなく利益です。

利益の重要さは、売上が落ちたときにはっきりします。

コストがかからないスモールビジネスの代表として弁護士があります。私も弁護士をやっていたことがあるのでよくわかりますが、事務所に所属する弁護士でも利益率は80％、個人弁護士なら利益率が90％は超えるでしょう。コストは事務所の家賃と交通費くらいしかかかりません。

一方、コストがかかる重いビジネスとしては、モノを売る小売業が挙げられます。いろいろなコストがかかるため、利益率は10％程度が相場です。

さて、同じ売上1500万円の個人弁護士と小売業者を比べてみましょう。前者のコストは150万円で、後者のコストは1350万円です。

利益について見ると、弁護士は1500万円（売上）－150万円（コスト）＝1350万円（利益）ですが、小売業者の場合は1500万円（売上）－1350万円（コスト）＝150万円（利益）しかありません。小売業では、売上を10倍近くに伸ばしてはじめて弁護士並みの利益が得られることになります。

これだけ見ても大きな差ですが、もっと致命的な違いが出るのは売上が下がった場合です。

両者ともに、売上が半分の750万円になってしまったとしましょう。どのビジネスでも売上が落ちることはあるのですが、その際に問題になるのがコストです。コストのうち、家賃や社員の人件費などの固定費は、売上が落ちたからといってすぐに減らすことができないからです。特に、利益率が低いビジネスほどコストは下げにくい傾向があります。

さて、売上が半減したとしても、弁護士のほうは、750万円（売上）－150万円（コスト）で600万円の利益は確保できます。

しかし小売業だと、1350万円のコストがのしかかってきますから、750万円（売上）－1350万円（コスト）で、600万円もの赤字になります。600万円の黒字（利益）が残る弁護士とは天と地ほどの差があります。あるいは小売業は、売上が半減せずとも、2割落ちるだけで赤字になってしまいます。

このように、スモールビジネスと重いビジネスは、通常時はもちろんですが、売上が落ちたときに大きな差が出るのです。

先行きが不透明な現代社会では、予想できない要因での売上ダウンは避けられません。それも私がスモールビジネスを勧める理由です。

本著では起業から3年以内でのイグジットを目標にしていますが、3年経たないうちに売却してもまったく問題ありません。先述しましたが、現に私は、民泊管理会社を設立から1年足らずでイグジットしています。

そのときのタイムテーブルは、こんな感じでした。

起業したのは2017年の7月です。さきほど触れたように、民泊への需要が増していることをニュースで知って立ち上げました。

翌年の2月にはイグジットの相談をはじめていましたから、起業してからわずか半年強ということになります。

翌3月にはイグジットのためのDD（デューデリジェンス）がはじまりました。これは日本語で買収監査と呼ばれるもので、企業の資産価値を測るために監査法人や公認会計士が企業の財務状況や法務、人事などを調べるものです。デューデリジェンスの結果によってイグジットの可否が決まりますから、もっとも重要なプロセスです。

デューデリジェンスをクリアして無事クロージングしたのは5月で、売却額は1億円でした。

ちなみに利益は、年間900万円ほどでした。その会社について解説すると、主な業務は民泊用マンションの管理で、創立時の社員は私を含め2名だけでした。売却時には5名にまで増えていましたが、とても小さい企業です。

社員の実務は家具・家電の購入、OTA（Online Travel Agency）の登録だけで、清掃も、インテリアデザインも、広告用の写真撮影も、すべて外注しましたから、人件費のコストは最小限で利益を最大化できました。

具体的に解説しましょう。まず、民泊用の部屋を賃貸契約、または所有物件内に設置します。

次に、インテリアデザイナーにインテリアのデザインを外注します。そして、社員は家具や家電を注文して、それを大学生のアルバイトが現地で組み立てます。

その後、外注したカメラマンに広告用の写真を撮影してもらい、社員が物件をAirbnbなどのOTAで登録すれば民泊運営をはじめられます。民泊の顧客はほとんど外国人ですから、対応が日本人である必要もありません。コストを考えて、カスタマーサービスもフィリピンの会社に外注、さらに、清掃も外注です。

このように低コストで運営できていたのですが、その民泊運営に関する法律が変わり、同じようなビジネスは難しくなりました。早めにイグジットしたのは正解だったことになります。先が見通せない現代ではこういうことがしばしば起こりますから、早めにイグジットの準備に取り掛かるべきなのです。スピーディーに売却できたこの民泊管理会社でも、イグジットまでには3か月を要しています。

ただ、イグジットの準備といっても、デューデリジェンスがはじまるまでは基本的に買い手を探し、協議するだけです。したがって、時間はかかりますが手間はかかりません。それも早いうちに準備をはじめたほうがいい理由です。

なお、社内のスタッフにイグジットについて伝えるのは、イグジットのクロージングを終えてからでいいでしょう。決まっていない段階で伝えても不安がらせてしまうだけです。

イグジットの準備は創立1年目からスタートする！

DD（デューデリジェンス）を成功させる三つのポイント

イグジットを成功させるためにはデューデリジェンスをクリアしなければいけません。そのためには、三つのポイントを押さえてください。

1点目は、**社長個人の資産と会社の資産をはっきりと分けること**です。小さい企業のトップは会社のお金を自分のために使うことが好きなようですが、そういう癖がつくとデューデリジェンスは失敗します。会社の財務が混乱していると見なされるためです。

2点目は、**会社のお金を使ったときは、どんなに小さい金額でもちゃんと記録しておくこと**です。デューデリジェンスでは、会社の入出金すべてについて説明が可能でなければいけません。もし、はっきりしない入出金があると、デューデリジェンスの失敗リスクが高まります。

もちろん、普通は振り込みの記録が自動的に残るので、そこに漏れが生じることはあまりありません。しかし、ありがちなミスは、引き出して使った現金の使途がわからないことです。ですから、現金を使うときも、領収書を忘れずにもらったり、メモを残したりするようにしてください。当たり前かとお思いでしょうが、スタートアップ企業はついついおろそかにしがちです。

最後のポイントは、節税をしないことです。

税金は利益に対してかかりますから、節税とは利益を減らすことを意味します。ですが、イグジットでは利益の大きさによってその企業の価値を測りますので、イグジットと節税は本質的に相反するのです。

会社を設立する場所についても説明しておきましょう。

会社は、大都市に設立するべきです。出勤も打ち合わせも便利ですし、なによりも会社のイメージに関わります。

私は相手から名刺を受け取ったら、まずは住所を確認します。その住所が「大都市の主要地域」ならば、イメージはよいはずです。

会社にとっての住所は、個人にとっての服装のようなものです。服装によって個人のパフォーマンスが決まるわけではありませんが、清潔で好印象な着こなしをしていればイメージはよくなりますし、逆もしかりです。

一方、もし郊外に会社を作った場合は、顧客も売却先も何らかの疑問を持ちます。もちろん理由があればまったく問題ないのですが、その理由を相手に説明する手間がかかりますし、そもそも説明するチャンスがないかもしれません。

したがって会社は中心的な大都市に設立すべきなのですが、一方で、大都市ほど家賃は高くなるので、私がお勧めするスモールビジネスとは相いれません。家賃はとても大きい固定費ですから、一番節約したい部分でもあります。

この矛盾を解決するのが、シェアオフィスです。スモールビジネスなら事務所が広い必要はありませんから、小さなスペースで十分です。広さよりも、住所のほうが大切です。

具体的には、日本ならもちろん東京で、なかでも新宿をお勧めします。港区や中央区より家賃が安く、しかもアクセスがいいからです。

イグジットと節税は本質的に相反する。

第4章

「高く売れる会社」に育てるには

ミニマム・イグジットまでの三つのフェーズ

ミニマム・イグジットまでの事業成長は、三つのフェーズをたどります。

第一フェーズは、起業してから黒字になるまでの1年。つまり、その会社が今後、存在・成長できるかどうかが試される時期です。

日本政策金融公庫の「2023年度新規開業実態調査」によると、創業された企業の3割以上が赤字です。赤字ということは当然、手元の資金は減少し続けます。したがって、創業のために準備していた資金（自己資金）や調達した資金（創業融資等）が枯渇し次第、廃業せざるを得ないということになります。

設立された企業の相当数は1年以内に廃業することになるのです。かなり厳しいフェーズです。

別の見方をすると、**第一フェーズを乗り切れば一息つける**ということでもあります。この段階ではコストを抑え、とにかく黒字を出すことに集中してください。

第一フェーズで注力すべきは二点、**営業とコスト抑制**です。

私は会社を設立する前、つまりコストが発生する前にまずクライアントを確保しました。設立してから営業しているようでは手遅れだからです。もちろん黒字が確定するほどのクライアントを確保することは難しいですが、できるだけ、**事前にクライアントを集めてから起業します**。それもあって、私が経営してきた会社はいずれも設立直後からずっと黒字続きです

もう一つのコスト抑制ですが、これは営業の話と密接に関連しています。会社設立直後に黒字を達成するためには営業パーソンが不可欠です。ただ、設立直後においてはあなた自らが営業を行い、人件費を最大限に抑えることが重要です。

この二点を踏まえれば、設立直後から黒字化することはさほど困難ではありません。ここで大切なのは、実際の制作や納品、サービス対応においては、マニュアルを作成し、「人に任せる状態」を確立することです。教育さえすれば誰でもできる作業を任せ、自分は社長として経営戦略を考えたり、営業で利益を伸ばすなどに専念します。

第二フェーズは、ビジネスを拡大していく時期です。たとえば、あなたが映像制作会社を立ち上げたなら、制作できる動画クリエイターメンバーを増やし、チームを増強し、より多くの案件を受けられるようにするということです。

第二フェーズは第一フェーズよりは難易度は低いのですが、余計な手間を増やして難しくしてしまう人も少なくありません。そのコツは後述しますが、この段階では最初のビジネスモデルを忠実にコピーするのがポイントです。自分で作って成功したビジネスモデルですから、コピーするのは決して難しくありません。

第三フェーズは第二フェーズのようなコピーによる拡大ではなく、質的な変化をしつつさらにビジネスを広げていく段階です。飲食店を経営しているなら、他の店舗を買収や上場をするなど、そのくらいのフェーズです。

第三フェーズは、多くの企業にとって鬼門になります。第二フェーズまでは順調に来ていても、第三フェーズで一気にコストが大きくなるからです。従来のやり方を続けていると、足元をすくわれかねません。

本書が目指すミニマム・イグジットでは、この**第三フェーズに入る直前に企業を売**

却することをイメージしています。ですが、この三つのフェーズを理解することが成功のカギを握っています。もう少し詳しく解説しましょう。

黒字化、再現性、戦略的拡大の三つのフェーズを意識する。

社長の仕事はフェーズによって変わる

大切なことは、社長のやるべき仕事や役割が、フェーズごとによって変わることです。失敗した企業の多くは、このことを見落としています。

第一フェーズでの社長の仕事のうち、もっとも重要なものが営業です。仕事がなければ利益は得られません。第一フェーズでの目標は、コストを抑えてとにかく黒字を出すことでした。そのためには、まずは営業です。

さて、めでたく第一フェーズをクリアしたら、社長の仕事には従来通りの営業だけではなく、新しい仕事が加わります。第二フェーズとなる自分で作ったビジネスモデルをコピーして拡大する段階に入りますから、スタッフを増やさなければいけません。

具体的には、人材の募集と、その人材を適切なところに配置する仕事です。

さらには、今後のためのスタッフ育成も必要です。第一フェーズは社長個人の力がもっとも重要で、裏を返すと社長の力さえあればどうにかなる面が強いのですが、第二フェーズ以降はそうはいきません。特に第三フェーズは、育成の結果に左右されます。

第三フェーズに入った会社では、社長は現場の仕事をしてはいけません。ラーメン店なら、第一フェーズでは社長自ら厨房に立って必死で黒字を目指しますが、第三フェーズでは厨房ではなく社長室で仕事をすることになります。

そのとき店舗に立つのが、それまで育成してきたスタッフです。育成の結果が店の評判に直結するのです。

よくある失敗は、会社は第三フェーズに入っているのに、社長が自らに求められる役割が変わっていることを理解せず、自分が厨房に立っていた第一フェーズの感覚を引きずってしまうパターンです。そういう会社はたいてい失敗しています。

第三フェーズでの社長の役割は、育成してきたスタッフの管理と、社内の問題解決です。大きくなった会社では必ず問題が発生しますから、それの火消しをするのが社長の役割です。

また、対外的な問題解決も、社長にしかできません。ラーメン店なら、食中毒が発生してしまったり、価格を急に値上げせざるをえなくなってしまったら、社長が解決しなければいけません。

食中毒によって顧客に被害が出たら、ただちに社長自らが顧客に謝罪し、賠償金などについて協議します。同時に、食中毒の原因を特定し、再発防止策を伝えます。

この際に重要なのはスピード感です。事故が発生した直後に社長自らが動くことと、部下ではなく社長が誠実に謝罪することが今後を左右します。

食材が値上がりしたなら、代替できる食材や、もっと安い業者を検討したり、それらが見つからなかったりしたら、食材の量を減らすか、販売金額を上げるかを検討します。それも社長が決断すべき案件です。

しかし、こういった緊急事態を除き、平時の現場はスタッフに任せましょう。社長の仕事はあくまで火消しであり、問題がなければ出番はありません。

第三フェーズに入ると、会社の拡大にともなってコストも大きくなりますから、社長の管理力や問題解決力が非常に重要になります。それなのに第一フェーズの感覚のまま現場ばかりに目を向けてしまうと、非常にまずいことになります。

社長が時間と労力をすべて現場で使ってしまうと、トラブル解決や将来的な方向性の模索、会社の管理などもっと重要で、社長にしかできない仕事をやれません。つまり、会社はいつまでたっても成長できません。

くり返しになりますが、第三フェーズではコストもリスクも一気に増大します。私が第二フェーズでの売却を進める理由がここにあります。第二〜第三フェーズのどこで会社を売るべきかは、社長個人の判断に左右されます。もし会社の拡大に伴う自分の役割の変化をちゃんと理解し、それに適応できるなら、自分で会社を大きくする手もあるでしょう。しかし、その能力がまだ備わっていないと感じたなら、さっさと売却すべきです。

もう一つ、会社を売却するタイミングに関わる要素が、スタッフの育成です。

会社が拡大すればするほど業務も複雑になりますから、スタッフ、特に幹部スタッフに求められる能力も高度化します。再度ラーメン店に例えると、第二フェーズ初期くらいまでのスタッフはラーメンを作る能力が重要ですが、徐々に店舗の売上やアルバイトの管理能力も求められるようになるというわけです。

会社の拡大に伴って、幹部スタッフの育成の難易度も上がっていきます。

この段階で育成の手を抜く選択肢だけはありえません。会社の将来を閉ざすことになります。

ですが、育成にはいつか限界が来ます。望む能力の幹部が社内にいない、という時期がいつか来るはずです。

そうなったときの選択肢は二つです。

一つは、社外から人材を採用するということです。大手の同業他社の幹部クラスなら、あなたが望む能力を持った人がいるでしょう。

しかし大手からの引き抜きはとても難しいものです。私も何度か、1500万円くらいの年俸を用意してトライしたことがありますが、結局成功しませんでした。かといって、それ以上の待遇を用意すると人件費が大きくなってしまいます。

先述しましたが、大手からの引き抜きにはリスクもあります。中小零細企業と大手では同業界でも文化や仕事の工程が違いますから、大手で優秀な人が中小零細企業でも優秀であるとは言い切れないのです。高いコストを払って雇ったスタッフが期待外れだと、会社の存続そのものが危うくなります。

もう一つは幹部を社内で育成するという手もあります。社内で成長可能性が高い社員を教育して、幹部にします。このときに注意すべきは、経験や能力が足りないのは後から補強できるので問題ないのですが、責任感とコミュニケーション力は育成が難しい点です。したがって、そういった能力に長けた社員を見抜いてください。

私の会社の幹部は、ほとんど社内のメンバーを育成しました。このやり方なら、あまりコストはかかりません。

このような手法がうまくいかず、スタッフの能力や育成に限界を感じたときも、会社を売るべきタイミングです。リスクを背負いこむことはありません。

スタッフの育成に限界を感じても、悲観するなかれ。それもまたイグジットのタイミングです。

ビジネスモデルをひたすらコピーして会社を拡大する

第二フェーズでは、第一フェーズで作り上げたビジネスモデルをひたすらコピーして会社を拡大します。ラーメン店なら、最初の店舗が成功して黒字になるまでが第一フェーズで、そのやり方をコピーして、店舗数を増やしていくのが第二フェーズです。せっかく第一フェーズで成功したモデルがあるわけですから、余計なことをせずにどんどんコピーするのがコツです。

しかし一つだけ心がけてほしいのが、ビジネスモデルはコピーでも、それぞれの店舗のブランドは変えることです。一店目が「○○ラーメン」なら、二店目は「××ラーメン」、三店舗目は「ラーメン△□」という感じで、店舗の名称を変えていくイメージです。

その理由は、どこか一つの店舗で問題が起きたときに、グループ全体が共倒れになるのを避けるためです。

先に記したように、ビジネスが拡大していくと、飲食店なら食中毒などのブランド力を左右する問題が起きがちです。店舗数が増えていくほど、問題が起こる確率も上がります。そのときにすべての店舗が同じブランド名を掲げていたら、共倒れになってしまいますよね。

ブランドが統一されていないとイグジットのときに混乱するのでは？　と思われるかもしれませんが、大丈夫です。多くの人はブランドに投資するのではなく、ビジネスモデルに投資するからです。

だから、ビジネスモデルは成功したビジネスモデルを正確にコピーし、ブランド名だけを変える、という形をお勧めします。正確なコピーで、ブランドだけ違う、という形をお勧めします。

第一フェーズでは商品より営業が大事で、もっとも力を入れるべきなのは営業です。商品ではありません。よくある失敗は、商品やサービスの質を上げることばかりにコストを使ってしまい、営業をおざなりにしてしまうことです。

こう書くと身も蓋もありませんが、少なくとも今の日本では、商品のクオリティに大きな差は出しにくいものです。それは、裏を返すと商品の力で差をつけるのは難しいという意味でもあります。

ここまで商品やサービスの質が高くなっている日本で、それらのレベルを、同業他社に対する優位点になるまで伸ばすためには膨大なコストがかかります。それより、そのコストを営業に投資するほうがずっと効率がいいのです。

私が営業こそが大事だというのはそういう意味です。

いくら商品やサービスが素晴らしくても、営業が弱いと世間が知ることができませんから、その商品やサービスには意味がありません。当然、売れませんから利益をもたらしません。

逆に、商品やサービスが全然ダメなのに営業だけが素晴らしいと、それは詐欺になってしまいます。

コストをかけて商品のクオリティを上げることは、もちろん可能ではあります。でも、それには非常に大きなコストがかかってしまうのです。

ならば、同じコストを営業に投入したほうが、はるかに効率がいいということです。

営業＞商品、という原則を忘れないでください。

会社が拡大するにつれ様々な職種のスタッフが必要になりますが、もっとも能力の差が大きく、会社の運命を左右するのが営業力です。

制作スタッフの能力の差は、致命傷にはなりません。厨房のスタッフなら、優秀な人は同時に5杯のラーメンを作れるけれど、普通のスタッフなら3杯だけ、といったイメージです。3杯しか作れなくても、会社の成長には支障がないのです。

しかし、営業パーソンの能力の差は歴然です。優秀な営業スタッフは一人でたくさんの契約を取り付けますが、そうでない営業パーソンは、100人いても一件の契約も取れません。とてもはっきりとした差が出るのです。

ですから、営業に関しては、人件費というコストをごく少数の優秀なスタッフに集中するようにしてください。一律の固定給を配るような「浅く・広く」のコスト配分は絶対に避けましょう。

具体的には月に20万円を5人に投入するのではなく、スター営業一人に、100万円を投入してください。優秀な営業は不可欠な人材ですから、それでいいのです。

さらに、コミッション（歩合）制にするといいでしょう。たとえば、基本給は15万円でもコミッションで毎月何百万円も報酬が獲得できる条件を提示します。もちろんフルコミッションも良いでしょう。自然と優秀なスタッフに給与が集まりますし、本人のモチベーションも上がります。

営業パーソンにはコストをかける価値があります。彼らを集めるときも高い給与を用意し、競合他社から引き抜く際に優位となるようにしましょう。優秀な営業は給与以上の利益を会社にもたらしてくれます。引き抜くということは、すでに他社が教育してくれているわけですから、教育のコストがゼロベースよりもかからないという意味でもあります。ですから、なおさら高い給与を用意できます。

高いコミッションで「少数精鋭の営業チーム」を結成する。

従業員よりもFCのパートナーを増やす

様々なコストの中でも、人件費はとても大きいウェイトを占めます。「スモールビジネス」を実現するためには、なんとか節約したいのが人件費です。

しかし、会社を拡大させる第二フェーズでは、人手が不可欠になります。さて、どうすればよいでしょうか？

私は、従業員を雇うのではなく、フランチャイズ（ＦＣ）のパートナーを増やすことを勧めます。

ＦＣとは、商標やサービスを含む商品、ビジネスモデルなどを相手に提供し、代わりにロイヤリティや配当金をもらう契約のことです。

FCを勧める理由の一つは、人件費をはじめとする諸経費が抑制できる点です。

飲食店を経営していて、FCによって店舗を増やしたとします。あなたはFCの店舗にビジネス上のノウハウやブランドを提供するかわりにロイヤリティを貰うわけですが、もしFCの店舗が赤字に陥ったとしても、FCならばあなたに被害はありません。

もちろん、FCの店舗に利益が出ないと配当金はもらえませんが、持ち出しもありません。リスクがないのです。

ただし、FCで拡大するためには、他人がFCを望むようなビジネスモデルを作らなければいけません。それが前提です。

イグジットのためにすべての事業をFC化しなければいけないということはありません。飲食店においては、1年目の第一フェーズで黒字にし、ビジネスモデルを確立しつつFCの宣伝をはじめましょう。二年目の第2フェーズではFCによって拡大しながらイグジットの準備をし、3年目にはイグジット、というのが理想的な流れです。

FCがもっとも盛んなのは飲食業ですが、他の分野でももちろん可能です。私の実現した例でいえば、清掃サービスのFCなどもお勧めです。日本の特徴は、専業主婦、専業主夫という労働力が存在するということです。彼ら彼女らは時間とモチベーションが豊富にあります。そこに目をつけ、FC契約を結び、清掃ビジネスをはじめるのも戦略の一つです。集客は社長であるあなたが行い、清掃業務を委託するのです。

あるいは、やはりFC契約を結んだ人たちに、SNSを利用してモノを売ってもらうのもいいかもしれません。売る商品はあなたが用意し、FC契約をした個人に売ってもらうというわけです。FC展開をすれば支出リスクを抑えて利益確保ができます。

ミニマム・イグジットにおいて会社を高く売却するために大切なのは利益を生むビジネスモデルです。しかし、それとおなじくらい大切なのがブランディングによる企業価値向上です。

高く売れる企業にはブランド力があります。そしてブランド力がある企業には、顧客ではなくファンがついています。ファンがいることが、ブランド力の証です。

顧客とファンの区別は、商品だけに魅力を感じているか、それとも企業に魅力を感じているかの違いです。

A社の商品を「いいな」と思い、買っている。それはただの顧客です。ファンではありません。

例えばAppleのファンは、特定のApple製品を買って使っているだけではなく、

Appleという企業そのものに魅力を感じ、その結果としてAppleの製品を買っていると仮定します。それがファンであるということです。

顧客は冷静に費用対効果を考えて商品を選びますが、ファンは金額を度外視してお金を使ってくれると定義しましょう。それは、ファンはそろばん勘定ではなく感情で動くからです。そこもファンのありがたいところです。

では、ファンを作るためにどうすればいいのかというと、一つは社会貢献です。利益の1％でもいいですから、チャリティに使ってください。NPO法人への支援や、地球環境保護団体でも、あなたが考える理想的な社会に近づくために、少しだけ利益を使ってください。同じような理想を持つ人がファンになるでしょう。企業が社内にスポーツチームを持っているのも同様の理由です。

ファンがいる企業のもう一つの特徴は、社長が魅力的であることです。スティーブ・ジョブズには今も熱心な支持者がいますし、ジャック・マーも同様です。

「いやいや、Appleが成功したのは魅力的な製品のせいでしょう」という意見が聞こえてきそうです。

たしかにAppleの製品は魅力的です。しかし、その詳細を決めたのはジョブズではなく、Appleのエンジニアたちです。そして、Appleと同レベルのエンジニアを抱え、同じ性能の製品を作れる企業は他にもあります。

しかしAppleほどのブランド力を得るには至っていません。それは、自社製品・サービス間の連携やブランディングの力も大きいのですが、何といってもジョブズという強力なビジョンと決断力を持つカリスマの影響力が多大なのです。平たく書くと、Apple並みの製品は他にもありますが、ジョブズ並みの経営者は他にはいないのです。

人間は結局、会社という組織よりも個人を見ます。あなたという人の魅力も大事にしてください。

「顧客」と「ファン」の定義を明確にしよう。

第三フェーズでは営業より総務を強化する

営業パーソンの優秀さが企業の運命を左右すると先述しましたが、営業の重要性は、フェーズによって徐々に変化していきます。

営業がもっとも重要なのは、会社を黒字にしなければいけない第一フェーズです。だから、企業の直後は営業パーソンをもっとも大切にしてください。

しかし、第二、第三フェーズに入ると状況が変わります。人員が増えてくるので、それらを管理する総務などの管理部門がより重要になるのです。

第一フェーズなら、総務の担当者は雇用せずとも問題ありません。社長であるあなたが自分で各スタッフや部門間の調整をするのです。しかし、本書が定義している社長が現場から離れるべき第二フェーズ後半以降では、総務担当者は必須です。

人員が増えると社会保険などの手続きに手間がかかりますし、何よりも日常業務でのちょっとした対応が増えてきます。たとえば、社員が休暇をとるときや遅刻しそうなときに、毎回社長が対応していては生産性が下がってしまいます。そういう場合に対応してくれる総務担当者が必要です。

また、**会社が大きくなると、部門間の対立が生じます。**そういうときも、中立的な立場で社員の相談に乗れる立場の人材がいなければいけません。内部での揉めごとによって成長スピードが鈍るのは、よくあるケースです。最終的な仲裁は社長の役割になりますが、それまで時間を使うのは、社長ではなく総務であるべきです。

「部門間の対立」というと、大企業をイメージされるかもしれませんが、私の感覚では**社員が5人を超えたら、必ず総務担当者が必要になります。**貴重なあなたの時間を社内調整のために浪費すべきではありません。

そのくらい小さい企業の総務は、経理との兼務でもいいでしょう。とにかく、社長以外にも中立的な調整役が一人、必要だということです。

会社が拡大し、第二フェーズに入ったら、社長は社内の状況を全て把握することがだんだんと難しくなっていきます。そのため、必ず週1回は定例会議を設定してください。

具体的には、社員数が5人を超えるか、二つ以上の部署ができたら、この会議をはじめましょう。会議では

・今週の仕事内容

・先週の仕事で生じた問題

の二つを報告し合い、共有します。

その過程で、今週の仕事を明確にするために、あるいは先週に発生した問題を解決するために、他の部署の力を借りたほうがいい場合が出てくるでしょう。そのためのリソースをシェアするのが会議の目的です。

さらには、問題が解決しそうになかった場合のみ、社長自らが動いて火消しの手段を考えます。この会議とは別に、毎朝の朝礼も設定しましょう。これは全スタッフが一人20秒くらいでその日の仕事を確認するだけでOKです。

朝礼の目的は、各社員の仕事分野を周知することです。もし、社内での協力が必要な場合は、朝礼で協力者を決めましょう。

無駄な会議は組織を非効率にしますが、社長が会社の状態を知るための場が必要です。週に1回だけ、その時間を設けるようにしましょう。

経営の大きな事故を防ぐのは小さな会議である。

幹部の意識を変革させる15%の株取得

第二フェーズ、特にその後半以降は、会社の業務については社長よりも幹部クラスのほうが重要になってきます。

この段階になると、社長は人員管理と問題解決だけに注力し、現場の業務から手を引きます。ですから、業務についての事実上のトップは社長ではなく、幹部クラスになります。

この段階で重要なのは、**幹部クラスをサラリーマンにはしない**ことです。

指示された通りの仕事をやっていれば給与をもらえるのがサラリーマンと定義しましょう。給与は高くありませんが、責任も小さく、会社にはあくまで給与をもらいに来ているだけ、という立場です（少し極端に表現しています）。

会社の人員の7割はサラリーマンで問題ないのですが、残りの3割を占める幹部クラスは、それではいけません。業務のトップなのですから、単なるサラリーマン以上の責任感とモチベーションが必要です。幹部がサラリーマンでしかない企業は、近いうちに立ちいかなくなるでしょう。

しかし、「責任感を持て」という掛け声だけでは意味がありません。そこで私は、**株の一部を幹部に渡すことを勧めます。自社の株を持つことで、明確な責任感が生まれ、ただのサラリーマンではなくなる**のです。

持ち株比率が低くなるほど社長の権限も小さくなりますから、中小企業の場合、株の66・7％（3分の2）以上は持っておきましょう。これだけあればイグジットにおける、株主総会の特別決議を単独で可決できます。

残りの3分の1については、約半分の15％くらいは幹部クラスに分配してもいいでしょう。幹部が5人とするなら、一人3％になります。

この手法は、中国では一般的なのです。アリババもテンセントもそうです。**15％という幹部に渡す株の割合も、成功した中国企業の相場です。**

この割合は、元は米国企業の相場を踏襲したものなのですが、アリババやテンセントに限らず、中国の企業のうち評価額が日本円で20億を上回る企業の多くはこの方法で幹部のモチベーションを維持しています。

重要なフェーズに入ったら、幹部に株の一部を譲渡しよう。

第5章

「最高のタイミング」で会社を売りに出そう

会社の価値を最大化させる「売り時」を見逃さない

本書では、創立からイグジットまでの期間の目安を3年としていますが、3年経たなければイグジットをしてはいけないというルールではありません。

会社がきちんと利益を出しはじめ、しっかりと利益を出せるビジネスモデルがあれば、2年目でも、あるいは1年目でも、イグジットをすることが可能です。

イグジットで難しいのはタイミングです。会社が出している利益とは別に、業務内容によって「売り時」が異なるからです。

たとえば、ホテル業界は新型コロナウイルスによって大きなダメージを受けましたが、パンデミックが落ちつき、売上は拡大に転じました。飲食業でも同じように考えられます。

大事なのは会社の価値が最大化するタイミングで売却することです。

そのための基本はニュースからの情報収集です。

自社関連業界における活性化のニュースが出るタイミングは一つの売り時です。ホテルや民泊などの旅行業界なら、コロナ禍の収束傾向が極めて重大な意味を持ちます。すると、収束傾向を象徴するような感染者数の減少や人の往来の増大がいいニュースになります。

他にも、特定の法案が業界を左右することもあります。ビットコインに関するビジネスを手掛ける会社にとってはビットコインや他の仮想通貨を合法的な支払い手段として認可する、改正資金決済法（２０１７年４月施行）は風景を一変させました。

このような法案に関する情報は施行前にニュースになりますので、情報収集のアンテナを張っておく必要があります。

当然ですが、経済ニュースも注視しておきましょう。

2022年の春に、アメリカの投資グループや投資家のウォーレン・バフェットが日本の不動産に集中的に投資したことがありました。

これは彼らの間に日本の不動産に投資すべき何らかの情報が流れたことを示唆しています。日本の不動産業界の価値が高まったということですから、業界内でのイグジットには追い風です。

注意すべきは、社長が日常業務に忙殺されてしまって、こういったニュースを見逃してしまうことです。あなたが拡大期以降は日常業務から退くべきなのは、売り時を把握するためでもあります。

細かいことですが、大手企業の決算が3月末に集中する関係で、会計事務所は1月~3月にかけて非常に忙しくなります。ですから、この時期のデューデリジェンスも避けるべきでしょう。イグジットは仲介業者を介して行うことが一般的です。買い手との信頼関係を築きやすく、取引もスムーズだからです。

実際に私が2回目に売却したのはディベロッパー会社でした。ただ、そのときに仲介業者に払った手数料は5000万円でした。

「中小企業のイグジットでその額は高すぎる!」と感じたかもしれません。そうなのです。私としても仲介業者の利用をお勧めしますが、一つ問題を挙げるとするなら手数料がとても高いのです。

せっかく会社を売却してキャピタルゲイン（保有している資産を売却することによって得られる売買差益）を得たいのであれば、その利幅は大きくしたいものです。つまり、手数料は少ないほうがありがたいと考えるのは当然です。

そんな認識を持っている人に近づく「ブローカー」の存在には、イグジットを検討しはじめた人はくれぐれも注意が必要です。彼らは「いい人（会社）がいますよ」「ちょうど貴社を買いたいという人がいるのですが……」などと言葉巧みに近づいてきます。仲介料も仲介業者よりずっと安いです。人脈も豊富であるかのように見せかけてくるので、つい心が動いてしまう方も少なくないでしょう。

しかし、ブローカーを介した取引はうまくいかないことがほとんどです。

イグジットの仲介業務で一番重要なポイントは信頼ですが、多くのブローカーは専門性や実績が不足しており、買い手に対して信頼を得ることが難しいからです。

買い手からすると、仲介者の専門性が弱い＝その業界で優秀な企業を紹介してもらえる可能性が低いことを意味します。信頼性の低さからトラブルにつながることも珍しくありません。

手数料の安さにつられて「安かろう・悪かろう」の事態になるのは避けてもらいたいと私は考えています。

ブローカーを見分けるポイントは二つあります。

「手数料の安さ」と「専門性の乏しさ」です。

M&Aの仲介業者はM&Aを専門にしていますが、ブローカーの多くは不動産も株も、お金の匂いがする取引は何でも手掛けていますから、専門性がないのです。

専門性については、**「デューデリジェンスのプロセスの知識がどの程度あるか」「ファンドにどのくらい知り合いがいるか」「過去にM&Aの実績が何件くらいあるか」**をチェックすればわかります。

もしも数人程度しか知り合いがいないなら、その人はブローカーと判断してしまっていいでしょう。実績も専門の仲介業者なら年に3回くらいはイグジットを手掛けているはずですから、それに満たない場合はブローカーと判断できます。

では、イグジットを成功させるまでの流れを、順を追って説明しましょう。まずは買い手と仲介業者選びです。

買い手は、同じ業界内か、あなたの会社の顧客が理想です。あなたの会社のビジネスを理解しているため、デューデリジェンスや手続きがスムーズです。

仲介業者は、ブローカーを選ばないことに加えてもう一つポイントがあります。**報酬は成功報酬のみにする**ことです。

仲介業者へのギャランティには、イグジットの成否を問わず支払わなければいけない「基本報酬」と、イグジットが成功した場合だけ支払う「成功報酬」の2種類があります。

大手仲介業者の多くは、基本報酬に加えて成功報酬がある形式を提案してきます。そこを交渉して成功報酬のみの形にしてください。

基本報酬はイグジットに失敗した場合にムダ金になってしまいます。それにイグジットに自信があれば、少額の基本料金より、ずっと高いであろう成功報酬のほうに魅力的を感じるはずですから、成功報酬のみでも納得するはずです。

実際、私が関わったすべてのイグジットでは、仲介業者には成功報酬しか払っていません。その分、仲介料は高くてもかまわないと判断しました。

それでもイグジットの成功率、要するに仲介業者のパフォーマンスが上がる傾向にあります。営業マンでも仲介業者でも、成功報酬制のほうがパフォーマンスは上がるのです。

仲介業者に依頼する際は「成功報酬」のみ！

相手を買う気にさせるために会社の価値と将来性を説明する

買い手について解説します。買い手には、あなたの会社の価値と将来性の大きさを説明します。日本では「社長個人がやりたいビジネスを実現できているか」を重視される傾向がありますので、個人的な熱意を包み隠さず伝えてください。

他にも、自分の会社についてプレゼンするだけではなく、相手の会社についての説明も聞きましょう。

買い手が、あなたの会社の詳細について何度も質問してきたり、財務データを見たがったりしたら、それは買う意思が強くなってきた証拠です。金額の交渉をするタイミングに入りました。

必要な資料は直近の決算書です。その数字をもとに買い手が金額の落としどころを探ります。

金額を打診するときには、できるだけ明確な根拠を併せて伝えてください。

自分の会社がやっているのはコストがこの程度のスモールビジネスで、利益はこのくらい出ているため、あなたが買うといくらくらいの利益が見込める……ということを、具体的に伝えましょう。スモールビジネスなら、前年度の利益の10倍程度を相場として金額設定できます。

さらに、ポイントとしてはいきなり希望金額を伝えずに、まずは希望金額から2割ほど高い額を提示することです。

企業売買でも不動産売買でもメルカリの個人間取引でも同じですが、相手からの値引き交渉が入ることを前提にしておくのです。

そして、値引きが入った場合は割増した提示金額から少しずつ引いていく形がいいでしょう。

このようにして双方が納得できる金額を探れば、お互いにWin-Winなイグジットができるでしょう。

買い手との間で合意ができたら、デューデリジェンスです。デューデリジェンスは日本語で「買収監査」と呼ばれます。要するに「購入における価値やリスクを調査すること」を意味します。デューデリジェンスにもいろいろなスタイルがありますが、中小企業のデューデリジェンスでは財務と法務の二つを業者にチェックされる場合が多いでしょう。

財務は、ここまで書いてきたように入出金についてちゃんと説明できるかを問われます。税務調査と似たようなものだと思ってください。財務のデューデリジェンスには基本的に経理が対応します。したがって経理担当者は、会社の創設時からずっと同じ人であるほうが望ましいと言えます。

法務はビジネスモデルの合法性をチェックします。こちらは基本的に総務が対応します。法務のデューデリジェンスについては、会社創設時に弁護士と共に合法性をしっかり確認できていれば問題ないでしょう。

デューデリジェンスでは、何かしらの問題が指摘されますが、そのこと自体は問題ありません。重要なのは、指摘された問題について買い手が納得するかどうかです。

どうしてもデューデリジェンスの業者への対応ばかり意識してしまいがちですが、**本当に見るべき相手は買い手です。**そのことを忘れないでください。

加えて、イグジットの金額がある程度大きくなると、会社のビジネスの将来性やリスクをチェックするビジネスのデューデリジェンスが入ることもあります。私の場合、3社目に売却したディベロッパー会社にはビジネスのデューデリジェンスも入りました。

ここでチェックされるのは法律上のリスクではなく、経営上のリスクです。ビジネスのデューデリジェンスについては社長が対応するといいでしょう。

契約書は社長自らがチェックする

デューデリジェンスをクリアしたら、いよいよ最後の関門である契約です。

株式譲渡の手続きには、取締役会や株主総会の承認、株主名簿などの書類の準備などさまざまな実務がありますが、基本的には司法書士に任せて問題ありません。

それよりも社長が自らやらなければいけないのは「契約書のチェック」です。これだけは人に任せないようにしてください。

売却に伴ってさまざまな企業活動の制限が課せられる場合があり、受け入れの判断は社長にしかできないからです。

契約書でよくあるのが「競業義務」です。

売却する会社と競争するようなビジネスを制限するもので、たとえば「向こう10年間は同業界で仕事をしないこと」などといった制限が課せられます。

売却後に新たなビジネスを行うのであれば問題ないかもしれませんが、再び同じようなビジネスを考えているのであれば制約になってしまいます。

競業義務については法的な問題も絡みます。「社長自ら」とお伝えしたように最終的な判断は社長自身でするしかありません。しかし、できれば弁護士と一緒に確認すべきです。

もし、顧問弁護士がこの分野に詳しくないようでしたら、イグジットに詳しい弁護士を紹介してもらってください。そうして契約書にサインしたら、イグジットは成功です。

もう一つ、イグジットで重要なことをお伝えします。

それは、**嘘と隠し事だけは絶対にNG**ということです。

残念なことに、都合の悪い情報を隠そうとする社長はたくさんいます。酷いと嘘をつく場合もあります。

よくあるのが、財務と法務について隠し事をしたり、嘘をつくことです。説明のできない1000万円の出金（使途不明金）について架空の領収書を作ってしまったりする社長は少なくありません。

あるいは、法的にアウトなことをやってきている事実を隠そうとする、などです。断言しますが、このような嘘は100％露呈します。一つ嘘をつくと、その嘘を守るために100の嘘が必要になります。要するに嘘のコストは利益に見合わないのです。

奇跡的にバレずにデューデリジェンスとイグジットを終えたとしても、その後の税務調査などで絶対にバレます。

さらに、バレた後には大きなダメージを負うことになります。

そして後になって嘘がバレると違約責任が問われます（違約責任はイグジットの契約書に必ずあります）。非常にまずいことになるでしょう。

先述の通り、イグジットのマーケットはとても狭く、仲介会社は上場企業に限るとそれほど多い数ではありません。ですから、そういったズルをした社長の悪い噂はあっという間に広がります。そうなったら取り返しがつきません。

これを防ぐ唯一の方法は、「嘘をつかないこと」と「隠し事をしないこと」です。当たり前と思われるかもしれませんが、必ず意識してください。隠し事はムダですから、都合が悪いことも思い切って開示してください。

隠し事をする人はネガティブな情報が出ることを過剰に恐れています。しかし重要なポイントは、ネガティブな事情であっても、買い手が気にしなければOKだということです。

「法務上グレーな部分があるとしても、利益さえ出ていれば問題ない」という買い手も少なくありません。そのような人に売る場合は、そもそも隠し事をする必要がないのです。

イグジットは誠実さが10割。

「社長不在でも自走可能な会社」が高く売れる

さて、このように行われるイグジットですが、現実には高く売れる会社とそうでない会社があります。

運命の分かれ目は**自走する仕組みを作れているか否かにあります。社長が不在でもしっかりと稼げるビジネスモデルを作れていれば、その会社は高く売れます。**

逆に社長の能力に依存したまま大きくなったような、「労働集約型ビジネス」だと高く売れません。多くの場合でイグジット後に社長はいなくなるため、ビジネスを維持できなくなるからです。

労働集約型でありがちなのが、個人の能力や人脈に依存している会社です。社長が在籍して利益が出ている間は良いビジネスモデルではあるのですが、ビジネスモデルのコピーができないので売却には向きません。

たとえば、とても腕がいい施術家が評判を呼び、社長になったようなマッサージ店などです。その施術家＝社長がいる間は人気かもしれませんが、その技術のコピーはなかなか難しいのではないでしょうか。結果、社長自らが動かなければ稼げないビジネスモデルになってしまいます。

買い手は「社長がいなくなっても売上が落ちないか」を注視しているので、そのような社長がいないと売上が落ちそうな会社は買いません。

外国人である私から見ると非常に特徴的なのですが、企業でも消費者でも、日本人は職人を好みます。

実際に手を動かすテクニック的なものでも、頭を使うクリエイティブなものでも、職人の「仕事」が「高い品質」の象徴になっていることが多いのです。

長い歴史を持つ日本の伝統的な行事にも職人の手掛けた製品が出てくること、日本の職人たちが素晴らしい仕事をしていることなどが相まって日本人の職人好みが形成されたのでしょう。

これらの芸術的な「仕事」はもちろん誇るべき文化です。

しかしビジネスの世界では、コピーができない職人の腕に頼るビジネスモデルは高くは売れません。

ただし、職人文化が必ずしもNGというわけではありません。

職人をコピーできるビジネスモデルを作れれば、その会社は高く売れるでしょう。料理ならば、職人技をマニュアル化し、誰でも短期間のトレーニングで身につけられるようにできれば、それはむしろ武器になります。属人性のないビジネスモデルを作り上げることは、高く売却するための必須条件です。

「高く売れる企業の条件としてグローバルなビジネスを手掛けていることが挙げられる」と先述しました。このように書くと「グローバル？　ウチみたいな中小には無関係だ」と思われるかもしれません。

日本の中小企業の中には、グローバルな戦略を持つ会社は少ないかもしれません。グローバル戦略とは、国際的な市場で事業を展開し、異なる文化や経済環境に適応して競争するための戦略です。

中小企業は日本の屋台骨であるため国内市場に特化した企業が多いことも理由だと思いますが、「グローバルなビジネスをやれるのは大手企業」という思い込みもある気がしています。

しかし、それは本当に「思い込み」だと断言します。中小企業でもグローバルな視野を持つべきです。人口が減少している日本のマーケットに限界があることは誰の目にも明らかですから、中小企業では珍しくグローバルな可能性を持つ企業なら、その価値は一気に大きくなります。

「グローバル」というと、海外で大規模なビジネスを展開するような仰々しいものを想像しがちですが、それだけがグローバルではありません。今の時代なら、もっとささやかで身近なところにもグローバルはあるのです。

たとえば、マーケットは日本国内でも労働力をグローバル化する手があります。私が北海道のニセコで経営している清掃会社で働いているのは、フィリピンとベトナムの方々です。彼らは日本人よりも比較的低い給料で仕事をしてくれます。これもグローバルです。

「外国人労働者」というとハードルが高い印象を受けるかもしれませんが、特殊技能ビザや留学ビザのアルバイトで働く外国人たちでもいいのです。彼らを雇い入れるのはそれほど難しくありません。

あるいは、日本で日本人向けにモノを売るのであっても、その材料を海外から安く仕入れれば、それもグローバル展開になります。決して難しいことではありません。

とにかく、「顧客もマーケットも労働力や素材の供給源も、日本国内でなければいけない」という思い込みから脱することがグローバル化への第一歩です。国の壁にこだわる理由はありません。

たとえば、コロナ禍以降の日本ではキャンプをはじめ、アウトドアへの需要が増しています。私は海外からスタイリッシュなキャンピングカーを輸入して日本人向けに販売するのはどうだろう、などと考えています。

日本のキャンピングカーは武骨なものが多いのですが、海外にはおしゃれなキャンピングカーがたくさんあるのです。そういったものを輸入してアウトドア好きの日本人に販売するのです。

ちょっとしたアイデアですが、国の壁をとりはらえばアイデアは無数に湧いてきます。そこからビジネスがはじまるのです。

世界展開から逆算してビジネス設計するとアイデアは無数にあります。

第6章

「仲間選び」を誤ると「ミニマム・イグジット」は失敗する

返信の遅いパートナーは命取り

起業の仲間を選ぶうえで大事なことはとてもシンプルです。それは「連絡に対する返信の早さ」です。

私は寝る時間を除いたすべての時間をビジネスに使っています。

そして、起きているときは基本的に1分以内に返信することを習慣づけています。打ち合わせの最中でも返信します。返信しにくい打ち合わせだったら「トイレに行く」と席を外して返信することもよくあります。それくらい返信の早さを重視しているのです。なぜ返信のスピードをそれほど重視するのか？ それは、**スピード感こそが中小企業が大企業に勝てる貴重なパート**だからです。

中小企業は、リソースも人員も知名度でも大企業には勝てません。しかし、大企業にも一つだけ弱点があります。大きな組織であるがゆえに決断まで時間がかかることです。そこに中小企業が勝てる余地があるのです。

イメージしやすいように船で考えてみましょう。

大きな船が大企業、小さな船が中小企業です。旋回するときにどちらが速く、どちらが小回りが利くかと言えば、言うまでもなく小さい船＝中小企業でしょう。

小回りが利く＝決断のスピードが速いです。社長がスピーディな決断をするためには、意思決定の材料を得るときのレスポンスの早さが必要です。

ですから、「返信が遅い」ということは中小企業が大企業に打ち勝つ貴重な手段を放棄するも同然なのです。

最低でも2時間以内には返信ができる人がベストです。もし返信に何時間もかかるような相手なら、大企業に勤めるにはいいかもしれませんが、あなたのパートナーには向いていないと判断してよいでしょう。

それに大企業とは違って中小企業ではルールや組織が不完全です。常にトライ＆エラーを繰り返す必要があります。

ＩＴシステムの構築には「ウォーターフォール型」と「アジャイル型」というものが

あります。アジャイル型は仮説と検証を繰り返しながらトライ&エラーでシステムを構築していく方法です。

中小企業はまさにアジャイル型で進む組織なのです。

したがって、日常的に生じるちょっとしたエラーはすぐに修正をしなければいけませんし、そのために必要なのは連絡のスピードです。その意味でも反応の早さは極めて重要なのです。


スピード以外でもう一つ重要なのが、「慣れ合わないこと」です。

ビジネスパートナーを選択するときに、つい「仲が良い人」を選んでしまいがちです。そのほうがコミュニケーションも取りやすいですし、関係構築ができているがゆえに阿吽の呼吸で仕事ができる、楽しく働けると誤解してしまうからです。

どこかの企業に雇われて一緒に働くならそれでもいいでしょう。しかしビジネスのパートナーとして考えるのであれば、契約が絶対に必要です。

私が日本で最初に作った会社では、パートナーと10パターン以上の契約書や覚書を交わしました。今でも何か取り決め事ができるたびに契約書を書いています。

「契約書が必要」というのは日本でもよく聞きますが、その意味を理解している人は意外と少ないように感じます。特に信頼関係がいいパートナーとの間では、契約は野暮だと思っている人も多いでしょう。

しかし、それではいざというときに困ります。

契約書がビジネスに必須である理由は二つあります。

一つは、パートナーとの間に争いが生じた場合に備えるためです。これは日本でも理解されていることだとは思いますが、島国にて単一民族で育ってきた間柄ゆえに「どうせ争いにならないから、契約はいらないだろう」と考え、契約書を作らない人も少なくありません。

しかし、人間の記憶はあやふやなものですから、ビジネスの対立はしばしば「言った／言わない」の争いになります。その際に、契約書という客観的な証拠があれば白黒つけられるのです。

さらに、契約書にはもう一つの意味があります。争いごとになる前にそれを「防ぐこと」ができるのです。

仮に意見の相違が発生したら、お互いが契約書を見直すことで事実関係がはっきりし、法的な争いごとにまでエスカレートすることを防げます。

契約書を軽視する人ほど、大体が自分の記憶力を過信しています。しかし、ビジネスという利益が絡んだ場面での人間の記憶力ほど頼りにならないものはありません。中には意図的に嘘をつこうとする人もいます。多くの人は、事実を主観によってゆがめて解釈してしまっています。そのため、自分が正しいという確信があります。

そういう人同士で争うときに契約書がなければ、泥沼になるしかありません。

つまり、**契約書は争いごとに決着をつけるためだけではなく、争いごとを防ぐためのものでもあるのです。**

もし契約をすることを面倒がるパートナーがいたら、その人とのビジネスは避けたほうがいいでしょう。

ビジネスパートナーに重視することは「レスポンスのスピード感」と「決して馴れ合わないこと」。

専門家へのコストをケチると貴重な時間が目減りする

会社を設立してビジネスをするためには専門家の手を借りなければいけません。税理士、司法書士、弁護士などの士業たちです。

とはいえ、直接ビジネスに関係するわけではありませんから、依頼することは必須ではありません。たとえば、税務報告を社長自らがやれば税理士に払う人件費を節約できるでしょう。

本書では何度も不要な人件費を減らした「スモールビジネス」をお勧めしてきました。ならば、士業などの専門家のコストも減らすべきでしょうか？

いいえ、違います。このような専門家に払うコストこそ惜しんではいけません。なぜなら、あなたの時間は、とてもとても貴重だからです。

繰り返し書いたことですが、会社を興し、軌道に乗せるのはとても難しいことです。特に黒字を実現するまでの第一フェーズは、社長が120％の時間と体力を注ぎ込んではじめて達成できるものです。それくらい起業は甘くありません。

そんな貴重な社長の時間を、本来の業務ではない税務処理や法関係の手続きに使うべきではありません。

社長が自分でこういった処理をすれば税理士などの費用は節約できるでしょうが、代わりに、もっと貴重な社長の時間を失っていることを自覚してください。


あきらめて社長であるあなたの時間の貴重さを考えてみましょう。一度、売上と労働時間で自身の時給を割り戻してみてください。

すると、弁護士などの専門家への費用は決して高いものではないことに気づくはずです。せいぜい年間数十万円でしょう。

その金額をケチった結果、会社が潰れてしまっては本末転倒です。冷静にコストと利益を計算してみてください。

それにあなたは税理や法の専門家ではありません（私はたまたま弁護士でしたが、そういうケースは多くないでしょう）。見様見真似で税金の処理をしてみても、税理士には敵いません。

やり直しをさせられたあとに、ようやく専門家を頼ったりすると、その意味でも非合理的なのはおわかりいただけるでしょう。

専門家は雇うか、顧問にする余裕がなくてもスポットで頼るようにしてください。最低でも税理士は必須です。一人だけの会社なら社長の時間は他に置き換えられず、なおさら貴重だからです。

万が一、税金関係のペナルティを課せられたらそのダメージは税理士に払うコストをはるかに超えます。イグジットの際の査定にも大きく響くでしょう。

専門家へのコストはケチることは「安物買いの銭失い」への第一歩なのです。

社長の貴重な時間を削ぐコストカットは絶対にNG。

コミッション制の導入で「ケーキを大きく」する

営業をはじめとするパートナーの重要性は書いた通りですが、彼らのモチベーションを上げるにはどうしたらいいでしょうか？

最もシンプルなやり方は給与を上げることですが、人件費は私たちにとっては大敵ですから、できれば上げたくないと思います。

このジレンマを解決する答えは、パフォーマンスに応じたお金を受け取れる「コミッション制」の導入です。

日本ではいまだにコミッション制への抵抗が強いですが、固定費を節約しながら仲間のパフォーマンスを上げる方法としては、コミッション制に勝るものはありません。

社長はつい、その会社の「価値」を独占しようとしてしまいます。できるだけパートナースタッフに渡すお金を減らし、自分の取り分を増やそうとするのは、不自然な考えではないでしょう。

しかし、落ち着いて考えてみてください。

1億円の価値がある会社の株式を独占したら、あなたの取り分は1億円です。しかし、株式の70％を優秀な仲間に与える代わりに会社を10億円にまで成長させられるのだとしたら、あなたの取り分は3億円になります。

1億円と3億円のどちらが得かは考えるまでもないでしょう。

このような考え方は「ケーキ理論」で考えるとわかりやすいです。ケーキ理論とは経済発展をケーキ作りで例えたもので、「ケーキをより公平に分配すること」に焦点を当てるべきという考えの一方で「ケーキをより大きくすること」に焦点を当てるべきとの考えの両極が存在する、というものです。

1億円の会社の株式を独占するのは、小さなケーキを独り占めして自分だけが喜ぶのと同じです。それよりは、仲間とケーキを大きくして取り分けたほうがずっと得です。しかも、問題が発生したら仲間も一緒に対応してくれます。

ただし、コミッション制では「どのような形式で、どのくらいを分け与えるべきか」

が状況によって変わります。

株式を分配する場合、第一フェーズでは社長が独占してもいいでしょう。しかし第二フェーズ以降なら、第4章でお伝えした通り33％を上限にどんどん仲間に分けていくべきです。

特に幹部クラスには15％を目安に株式を与え、幹部としての自覚を持たせつつモチベーションを上げてください。

あるいは利益を配当する手もあります。私の考えでは会社の運命を左右する営業メンバーに対しては、基本給をゼロにするならば、会社の利益の70％は与えるべきです。利益の70％というと、日本人の感覚だと驚かれるかもしれませんが、営業がいなければ会社の利益はゼロなのですから大した数字ではありません。

ちなみに「利益の70％を与える」という形式は中国では大して珍しくありません。

私は弁護士をしていましたが中国の弁護士の大半は法律事務所に「コミッション制のパートナー」という形で所属しています。日本のように雇われているわけではないのです。

そういった弁護士は事務所のブランドを掲げつつ、オフィスのコピー機を使ったりコーヒーメーカーのコーヒーで一息つきながら、仕事に勤しみます。そして、自分が稼いだ利益の70%くらいを手に入れるのが相場です。

日本企業では考えられないかもしれませんが、固定給をなくす(あるいは減らす)代わりにコミッションを高めるやり方は、世界的には主流です。仲間のモチベーションを上げるのに、これ以上いい方法があるでしょうか?

目先の利益にとらわれて、ケチになってはいけません。小さいケーキを独占するよりも、ケーキを大きく育て、みんなで分け合おうではありませんか!

小さなケーキを独占するより、大きく育てたケーキを仲間と分け合おう。

パートナーと幹部が企業価値を左右する

起業は信頼できるパートナーがいればより心強くなります。

ただし、私としては「パートナー」と「投資者」をはっきりと区別することをお勧めします。**パートナーの定義は「会社の株を持っており、かつフルタイムでコミットする人」**です。株を持っていても、フルタイムで関与してくれないなら、それは投資者＝株主であってパートナーではありません。

よく、お金や人脈を提供してくれる人を「パートナー」と呼ぶ会社を見かけますが、それは投資者であってパートナーではないと考えています。

なぜなら、起業はとても苦しくハードですから、パートナーと呼ぶに値するためにはフルタイムでのコミットは必須だからです。

同様に、いくつかの企業を掛け持ちして役員などをしている人をパートナーと呼んでいるのも見かけますが、それもパートナーと言うべきではないと考えます。

もちろん、投資者や人脈を提供してくれる人は重要なのですが、運命を共にするパートナーとは分けて考えましょう。

そしてもう一つ、パートナー以上に起業に欠かせないのが「幹部」の存在です。

誰でも、管理できる人間の数には限界があります。ちなみに私の場合、管理できる人間の数はせいぜい１００人くらいが上限です。企業のサイズが１００人以上に拡大してしまうと必ず問題が起こるでしょう。

そこで必要になるのが、社長と同じような管理能力を持つ幹部です。30人を管理できる幹部が10人いれば、会社の人数は３００人増やせます。第二フェーズ以降の拡大期に幹部の存在と能力が重要になるのはそのためです。

ただ、10人と書きましたが、3年でのイグジットを目的とする本書で目指すのは、軽くて高利益な会社です。大きくて売上が大きい会社ではありませんから、幹部の人数もたくさんはいらないでしょう。

数名程度でいいので、有能な幹部を確保することを意識してください。さらに、しつこいようですが、株式などでコミッションを与えることでモチベーションを上げることは前提です。

イグジットを見据えて、会社のお金と社長個人のお金とをはっきり分けるべきだと書きました。それとも関係するのですが、会社の価値を左右するブランドについても「会社のブランド」と「社長個人のブランド」は明確に分けてください。

会社のブランドと社長のブランドが一体化していると、どちらかにダメージがあったときに、他方も共倒れしてしまうからです。きっちりと分離しておくことで、一方は生き残れます。

イーロン・マスクはEVで世界をリードするテスラ、宇宙開発のスペースX、脳に埋め込まれた機械でコンピュータを操るブレイン・マシン・インターフェースのニューラリンクなど、いくつもの会社を持っています。

しかしマスク個人のブランドと、それぞれの企業のブランドは別になっています。ですから、仮にスペースXが破綻してもニュースにはなると思いますが、テスラには直接のダメージはありません。

では、会社のブランドと個人のブランドを分けるとして、どちらを重視すべきなのでしょうか？

「当然、会社だ」と考える人が多いと思います。

確かにAppleやトヨタのようなブランドの場合、たくさんのファンや信頼が社名＝会社に紐づけられています。Apple製品はとりあえず買う（ファン）、トヨタの車は壊れない（信頼）などです。

ですから、その認識は誤りではないのですが、それは大企業の場合に限られます。しかも大企業のようなブランドを確立するためには、途方もない時間がかかります。少なくともイグジットをするまでの3年間では不可能です。

中小企業では、むしろ会社よりも社長個人のブランドを重視してください。社長自身にファンがつくことのほうが多いのです。

中小企業の社長個人がファンを作るのはあっという間です。好みなど主観的な要因に訴えかけやすいですし、少なくとも企業としての実績を積むより手っ取り早いのは確実です。近年でもＳＮＳなどで注目される経営者はたくさん出てきていますよね。

こういったやり方は邪道ではありません。

中小企業では、まずは社長の魅力によって顧客を獲得するのがいいでしょう。やがて会社が大きくなれば、自ら会社としてのブランドが前面に出てくるようになるからです。

外国人の私から見ると、日本のみなさんは良くも悪くもとても保守的な人々です。それには良い側面もたくさんあります。日本が誇る長い伝統や固有の文化は、保守性によって守られてきたものだからです。

ただ、**イグジットを目指す企業を作るときだけは保守性は捨ててください**。中小企業が大企業に勝つためには、大企業の弱点である保守性を突くのが有効だからです。

一例として、私が扱うリゾートのヴィラには顧客から「トイレの数を増やしてほしい」「駐車場に日よけが欲しい」など、たくさんの細かい要求が来ます。

これらの細かい要望に大手は応えられません。応えるにしても「検討と承認」の連続でとても時間がかかります。

しかし、私はすぐに対応しています。保守的ではないがゆえにフットワーク軽く動くことができるのです。

結果、私が経営している北海道のニセコでのスキーリゾートのディベロッパーは、他の大手を差し置いて日本一になれました。

保守性は日々の生活において、決して悪いことではないのですが、ビジネスにおいてはどうでしょうか？

先日、日本でのビザ更新中に日本の銀行口座を使って振り込みをしようとしたことがありました。しかし、いつものように使えなかったので銀行に連絡してみたところ「ビザの更新中は使えないので、専用の封筒に振込伝票を入れて送ってくれ」と返事がありました。

パソコンやスマートフォンで実行すれば手続きは数分で終わります。しかし、封筒に伝票を入れて送り、処理してもらうのでは数日かかってしまいます。

私がその銀行の頭取なら、ただちに対応手段を変えるでしょう。

残念ながら、日本のビジネス界には保守的で無意味なルールがたくさん残っているのが実情です。

保守的というのは、言い換えるなら「いつまでも昔に設定したルールに縛られて身動きが取れない状況」ということです。

これを脱却することがイグジットを目指す中小企業にとって大手に勝つための活路なのです。

保守性はあなたのビジネスの可能性を削いでしまう。

第7章

日本を「イノベーションあふれる国」にするために

日本企業が他国の企業に押される理由

ここまで、3年を目安としたミニマム・イグジットの説明をしてきました。すべての根底にあるのは、「リスクを恐れず、挑戦しよう」という積極的なマインドです。

私はここまで、リスクを最小限にし、利益を最大化する細かい方法を解説してきたわけですが、それでも起業のリスクはゼロにはなりませんから、新しいことに挑戦する勇気とモチベーションがあることが本書の前提になっています。

中国生まれの私から見ると、起業に関しては日本人の独特のメンタリティがマイナスに作用しているケースが珍しくありません。

ですから、本書を締めくくる最後の章では少し趣向を変え、私が15年暮らした大好きな日本を元気にするための提案をさせていただこうと思っています。

そこには、みなさんにとってのミニマム・イグジットのヒントがたくさん詰まっているはずです。

現在、私はイギリスのロンドンで暮らしています。家電量販店に行くと韓国のＬＧ社製のものが目立ちます。日本企業の製品もありますが、明らかに韓国製に押されています。

どちらを使用しても韓国製と日本製とで性能に圧倒的な差があるわけではありません。むしろ日本製の家電のほうが上でしょう。しかも、価格も日本製は韓国製品と比べてそれほど高くありません。メイド・イン・ジャパンは今でも優秀なのです。

ではなぜ、韓国製品に押されているのか？

それは明らかに広告力の差です。韓国メーカーのほうが存在感を示すのが上手いのです。

この感覚は韓国のビジネスパーソンと接していても強く感じます。彼らは英語をしゃべり、自己主張が強く、海外に打って出ることにも積極的なのです。日本人はその点であきらかに負けています。

韓国では幼稚園や小学校から英語教育がはじまり、形式的な「受験英語」よりも実用的な会話スキルに力を入れているのが特徴です。さらに、韓国では大学受験や企業の採用試験など英語力を問われる場面が日本より多いです。

日本は残念ながら、内容は単語や文法の暗記といった外国人とのコミュニケーションで即座には役立たないものばかりです。社会人になってから英語力が問われる場面も多くないでしょう。

ただし、英語力などは要因の一つにすぎません。

日本製品が韓国製品に押されていることや、日本では起業が盛んではないことの背景には、あきらかに日本人固有のリスク回避志向があると私は考えています。

これもまた、外国人である私が日本人と接していて感じることの一つです。この章ではリスクを恐れないマインドの作り方についても説明しましょう。

リスクをとらなければ得られるものもありません。そして、リスクは本書に書いた方法で減らすことができます。

あなたはリスクを恐れて挑戦しない人生を選びますか?

それとも……？

私が弁護士をしていた頃、日本のあるクリニックのM&Aに関わったことがあります。そのクリニックは最先端の幹細胞治療を提供していたのですが、日本人のクライアントには100万円で行っている治療を、中国人には500万円で行っていたのです。

クリニックに訪れる中国人の患者は幹細胞治療の相場を知りませんから、その価格でも特に疑問を持たずに受け入れていました。グローバルな情報の差がビジネスに響くのは、こういう場面です。

国内市場だけを相手にするならともかく、グローバルなビジネスでは、この例のように顧客が持っている情報の格差がとても大きくなります。

ですから、商品の差よりも情報の差がはるかに重要になってきます。特に、ある国のものを他の国で売る貿易の場合は、売れ行きの違いはほぼ情報力の差によるものだと言っていいでしょう。

商品やサービスを売る場合の情報力とは、すなわち営業力です。「この商品は良いものだ」という情報を相手に届けるのが営業なのですが、実は、営業も日本の弱点の一つです。
その理由を次にお伝えします。

日本の営業力が海外に負ける理由とは？

「営業」は日本の弱点です。日本人の営業パーソンとやり取りしていると、それをとても強く感じます。

私が顧客として日本の営業とやり取りをするとよく聞く言葉が「持ち帰って検討します」「何とも言えない」などのセリフです。これは海外の営業パーソンからはあまり聞かないセリフです。

このセリフが営業の口から出るのは、まず自社の商品への知識が足りないか、商品に自信が持てないからでしょう。つまるところ、自分の所属する会社への愛が足りないのです。

日本人固有のリスク回避志向もあるでしょう。責任をとりたくない、あるいは権限が与えられていないので、あいまいな答えでお茶を濁すしかないわけです。

逆に海外でこのセリフを滅多に聞かないのは、彼らは本当はわかっていなくても、とりあえず自分に有利な答えを言う傾向にあるからです。

そういう意味では海外の営業パーソンには「胆力」とも言えるものがあると考えられます。その良し悪しはともかく、胆力も海外に比べて日本の営業パーソンには足りていません。

しかし、私は日本の営業パーソンを責めるつもりもありません。彼らが商品に自信を持てなかったり、会社を愛せなかったりといった理由があるからです。

それは、日本の会社が営業に利益をシェアしないこと。コミッション制度が普及していないからです。

どれだけ商品を売っても、あるいは売らなくても、大して給与が変わらないなら商品や会社への愛着は生まれないでしょう。同じお金なら、手を抜いたほうが合理的だと考えてしまうのも無理はありません。

当然、すると営業は弱くなり、グローバルな競争でも勝てなくなってしまいます。

私が本書で繰り返しコミッションの重要さを説いてきたのは、外国人である私から見ると、コミッション不足が明らかに日本を弱体化しているからです。少なくとも中国やアメリカでは、営業がコミッションによって動くのは当たり前になっています。コミッションという形にせよ、株式を渡す形式にせよ、重要なのは**トップが利益を独占せずに仲間に分け与えることでモチベーションと責任感を生むこと**です。

そしてこのことは、これからのビジネスでは欠かせません。

今、本書を読んでくれている読者のみなさんの中には、まだ起業すべきかどうか悩んでいる人も多いと思います。そこで、そういう方々の背中を押す「トドメの一撃」をお送りしたいと思います。

私は、最初の起業をするまでは弁護士でしたから、収入は悪くありませんでした。30歳のときの年収は日本円にして1500万円くらいだったと記憶しています。

しかし、弁護士である私の顧客たちは私をはるかに超える収入を得ていました。豪邸に住み、高級車を乗り回し、きらびやかな友人たちに囲まれ……当時の私には想像もできない生活でした。

しかし、そういう人々が率直にいって私や私の周囲の人々よりもすごく有能であったわけではない点が驚きです。収入は別に能力に比例するわけではない、という事実は衝撃的でした。

では、なぜ彼らはとんでもない収入を得られたのでしょうか？

理由はたった一つしかありません。彼らには「勇気」があったのです。そして起業という「リスク」を取る覚悟を持っていたのです。当時の私との違いはそれだけです。私はそのことに気づいたため、最初の起業をしました。

私は甘い言葉でみなさんに夢を見てもらおうと思っているのではありません。起業にリスクがあるのは事実ですし、そこからは目を背けるべきではありません。

しかしそのリスクは、本書で説明したようなスモールビジネスでの起業ならば、ミニマムにとどめられます。１００万円で起業して失敗してしまったとしても、失うお金は１００万円です。人生を変える掛け金としては高くはないのではないでしょうか。

しかも、**失敗してもうまくいかないという方法を学ぶことができます**。これは、貴重な経験と情報が得られます。

起業するための勇気は、本当にちょっとしたものです。失うものはあるかもしれないけれど、得られるものに比べたら微々たるものなのです。

世界一自由な国・日本、世界一不自由な国民・日本人

私がはじめて日本に来たのは21歳のときでした。

日本に留学したのは、子どものころから日本のゲームやアニメに親しんできたからです。『ポケットモンスター』や『ONE PIECE』……日本のゲームやアニメには本当に楽しませてもらいました。

日本での暮らしを楽しんだ私はいったん中国に戻って弁護士になりましたが、日本への思いは強く残り、30代でもう一度、家族を連れて日本に渡りました。そして三つの企業を作り、すべて売却をしました。

アニメや漫画だけではなく、ビジネスでも私の人生をエキサイティングにしてくれ

た日本。年に数億円ほどではありますが、納税という形で日本への恩返しはできていると思っています。

しかし、それだけでは不十分だと思って書いたのが本書です。

私はつくづく、日本は自由な国だと感じます。ところが、日本人はそうは思っていないようです。

日本が自由だと感じるのは、私が生活してきた他の国と比べてそうだと実感できるからです。多くの国の政策や法律は、ビジネスに関するものだけ見ても日本よりはるかに厳しく、その国のビジネスパーソンには重い制限が課せられています。

だから海外のビジネスマンは「法に禁止されていないことは何でもやってやろう」と必死になって新しいビジネスモデルを考えます。制限が多いがゆえに「できること」に着目するのです。それが中国も含めた、多くの国の発展の原動力でした。かつての日本もそうだったかもしれませんね。

今の日本は海外と比較するととても自由度が高い国です。起業したいと思ったら、本書に書いた方法でいつでも起業できますし、ビジネスの内容も自由に決められます。

ところが、日本人はなぜかその自由を行使しようとはしません。私はそういう日本人によく尋ねました。「なぜ？」と。

すると、決まって返ってくる答えが「まわりがやっていないから」「まわりに止められるから」というものでした。

なぜ、あなたの人生を周囲に合わせて決めるのでしょうか？

その問いに対し、納得できるアンサーを貰ったことがありません。

日本は自由なのに、その国に住む日本人のものの考え方は自由ではありません。自由過ぎて何でもできるがゆえに、自分から自由を放棄しているのが今の日本人です。

国は不自由なのに、その中でなんとか自由を行使している外国人と、ちょうど反対だと思うことがあります。

何でも管理したがる外国政府にとっての理想の国民は、恐らく日本人です。自分で自分を管理して縛り付けるのですから。

しかし実際は自由に何でもできる国の国民が日本人なのです。それだけ素晴らしい環境を与えられているのに放棄するのはもったいないと思いませんか？

おわりに
選択肢を手に入れ、納得して選ぶこと

ここまで本書を読んでくれた人が、起業にチャレンジしてくれたら、私はとても嬉しいです。私が愛する日本をもっと元気にしてください。

このように書くとプレッシャーをかけているると思われるかもしれませんが、そうではありません。本書を読んだうえで、「やはり起業はやめておこう」と考えたとしても、それはそれでいいと思います。選択肢を手に入れたうえで選ばなかったわけですから。

私が人生で一番もったいないと思うのは「自由に選択できなかったこと」です。これは私が自由の少ない中国の出身だからかもしれません。自由とは「何でもできること」ではありません。「自ら選ぶことができる」ということです。何でもできても選べないのであれば自由とは呼べませんよね。

そして、選ぶためには選択肢を手に入れなければいけません。

本書を読むことによって、読者のみなさんは「ミニマム・イグジットを目指して起業する」という選択肢を手に入れました。

ただし当然ですが、選択肢は選ばれない可能性もあります。このまま企業に勤めてもいいのです。起業するにせよしないにせよ、納得したうえで自由に自分の人生を選ぶならば、それが正解です。

私は本書を書くことで、みなさんに「起業する」という選択肢を提案できました。内容にも自信があります。

ですが、起業するかどうかはあなた次第です。

繰り返しになりますが、日本は自由な国です。あなたには、あなたの人生を自由に決める権利があります。ですから、ここから先はあなたが自由に選んでください。あなたの人生は、あなただけのものなのですから。

この本の執筆にあたって、本テーマに賛同していただき、出版の話を進めるためにご尽力していただいた潮凪洋介さん、編集を担当していただいた中野亮太さん、そして忍耐強く完成までおつきあいしていただいた執筆協力者の佐藤喬さんには心より感謝を申し上げます。

また、すばらしいデザインに仕上げていただいた三森健太さん、そして最後まで励ましてくれた家族にも心から感謝の念を表します。
この本が自分の夢を叶えたいすべてのビジネスパーソンにとって、参考となることを心から願っています！

2024年1月　遠星 誠

遠星 誠（えんせい・まこと）

1984年、杭州（中国IT大手アリババ本社所在地、中国ITセンター）出身。大学卒業後、弁護士を7年間行う。2015年から連続で3つの会社を創業し、全て利益を出して、株式売却（イグジット）をおこなった。得意な分野は国際取引及び短時間で会社設立から株式譲渡まで行うこと。直近では、事業開始2年でスキーリゾート開発会社を15億で大手証券会社に売却。現在、日本の起業家向け「100万円で起業して3年後に3000万円で売る“ミニマム・イグジット”スクール」を立ち上げている。著者のイグジットによる資産は約20億。

主な参考資料

●「2023年度新規開業実態調査」（日本政策金融公庫総合研究所）
https://www.jfc.go.jp/n/findings/pdf/kaigyo_231130_1.pdf

●「EF英語能力指数世界113か国・地域の英語能力ランキング」（イー・エフ・エデュケーション・ファースト・ジャパン株式会社）
https://www.ef.com/assetscdn/WIBIwq6RdJvcD9bc8RMd/cefcom-epi-site/reports/2023/ef-epi-2023-japanese.pdf

●「世界人材ランキング2023」（International Institute for Management Development）
https://www.imd.org/centers/wcc/world-competitiveness-center/rankings/world-talent-ranking

●「令和3年度分会社標本調査－調査結果報告－ 税務統計から見た法人企業の実態」（国税庁 長官官房 企画課）
https://www.nta.go.jp/publication/statistics/kokuzeicho/kaishahyohon2021/pdf/R03.pdf

● 2023年版「中小企業白書」（中小企業庁）
https://www.chusho.meti.go.jp/pamflet/hakusyo/2023/PDF/chusho.html

ミニマム・イグジットの教科書《きょうかしょ》

2024年2月22日　第1刷 発行

著　　者　遠星 誠

装　　幀　三森 健太（JUNGLE）
カバーイラスト　ユア
執筆協力　佐藤 喬、廣田 祥吾
制作協力　潮凪 洋介（HEARTLAND Inc）

発 行 人　永田和泉

発 行 所　株式会社イースト・プレス
〒101-0051
東京都千代田区神田神保町2-4-7　久月神田ビル
Tel.03-5213-4700　Fax03-5213-4701
https://www.eastpress.co.jp

印 刷 所　中央精版印刷株式会社

ISBN 978-4-7816-2285-9